Contact!

Nederlands voor anderstaligen

1

intertaaL

Contact

Woordenlijst

door
Elsbeth de Leeuw
Petra Roël
Annemarie Cornax
(Radboud in'to Languages)

met medewerking van
Susan Mennen
Ghislaine Giezenaar
José Bakx
(Radboud in'to Languages)

projectcoördinatie
Radboud in'to Languages
Susan Mennen

projectcoördinatie
Intertaal
Mathilde Kroon
Nynke Scholtens

redactie
Emma van Kampen
Mathilde Kroon
Jeanine Roos
Nynke Scholtens
(redactie Intertaal)

vertaling
Paula Vrolijk-Sweijen

grafische vormgeving
ontwerp omslag: Jaap de Bruin, .j.j.design, Almere
lay-out: Jaap de Bruin, .j.j.design, Almere
begeleiding lay-out: Julia de Vries (redactie Intertaal)

ISBN 978 94 6030 1346

1e druk 2009

Woordenlijst

Uitleg woordenlijst per les

In deze lijst staan de woorden die u in het tekstboek ziet. Het is een lijst om de betekenis van woorden in op te zoeken, maar ook een lijst om woorden te leren. De **vetgedrukte** woorden zijn leerwoorden. De woorden staan in de volgorde zoals ze in het tekstboek staan en zijn onderverdeeld per hoofdstuk (1, 2, 3, ...), deel (A, B, C), oefeningnummer (1, 2, 3, ...) en oefeningletter (a, b, c, ...). U kunt ook zien of een woord voorkomt in een luisterfragment, een kopieerblad, een notitieblaadje, het overzicht of bij uitspraak.
Alle woorden worden in de context vertaald.

(adv.) = adverb	f = vrouwelijk
(s.v.) = separabel verbum	m = mannelijk

Bij de verbumvormen van regelmatige verba in het presens staan in hoofdstuk 1 het subject en de infinitief,

bijvoorbeeld:	de docent begroet (begroeten)	the teacher greets (to greet)

Vanaf hoofdstuk 2 wordt alleen de infinitief gegeven,

bijvoorbeeld:	zien	to see

De verbumvormen van onregelmatige verba worden bij alle hoofdstukken gegeven waarin ze voor het eerst voorkomen,

bijvoorbeeld:	het museum gaat open (opengaan s.v.)	the museum opens (to open)
	haar vinger is gebroken (breken)	her finger broke (to break)

Explanation word list for each lesson

This list includes words from the text book. The definition of words can be found in this list but it is also a list which should be memorized. The words printed in bold should be memorized. The words are listed in the order they appear in the textbook and are divided in chapters (1, 2, 3, ...), parts (A, B, C), section numbers (1, 2, 3, ...) and section letters (a, b, c, ...). Words from the listening comprehension, photocopiables, memos, overviews and pronunciation sections are also included. The translation is based on the context of the text.

(adv.) = adverb	f = female
(s.v.) = separable verb	m = male

The present tense of regular verbs in Dutch are listed with the subject and the infinitive in chapter 1.

e.g.	de docent begroet (begroeten)	the teacher greets (to greet)

From chapter 2 onward, only the infinitive is used.

e.g.	zien	to see

Dutch irregular verbs are listed in the chapter in which they first occur.

e.g.	het museum gaat open (opengaan s.v.)	the museum opens (to open)
	haar vinger is gebroken (breken)	her finger broke (to break)

Nederlands	Engels	Eigen taal
Hoofdstuk 1		
Waar komt u vandaan?	Where are you from?	
Deel A		
Hoe heet u?	What's your name?	
1A1		
een	a	
nieuwe (nieuw)	new	
de klas (de klassen)	class	
1A1a		
de docente (de docentes)	teacher	
de docente **begroet (begroeten)**	the teacher greets (to greet)	
de	the	
de cursisten (de cursist)	students	
in	in	

bekijk (bekijken)	look at (to look at)	
de presentielijst (de presentielijsten)	attendance list	
luister (luisteren)	listen (to listen)	
luisteren naar	to listen to	
naar	to	
de dialogen (de dialoog)	dialogues	
wie	who	
wie is (zijn)	who is (to be)	
aanwezig	present	
kruis aan (aankruisen)	tick (to tick)	
de naam (de namen)	name	
het land (de landen)	country	
Italië	Italy	
Duitsland	Germany	
Frankrijk	France	
Turkije	Turkey	
Afghanistan	Aghanistan	
China	China	
Marokko	Morocco	
Spanje	Spain	
Groot-Brittannië	Great Britain	
Denemarken	Denmark	
Rusland	Russia	

Transcriptie

goedemorgen	good morning	
ik	I	
ik **ben (zijn)**	I am (to be)	
jullie	your	
ik **wil (willen)**	I want, would like (to want)	
eerst (adv.)	first	
graag (adv.)	would like	
weten	to know	
jullie	you	
jullie **zijn (zijn)**	you are (to be)	
hoe	what	
u **heet (heten)**	name	
Hoe heet je/u?	What is your name?	
u	you	
ik **kom (komen)**	I come (to come)	
uit	from	
komen uit	to come from	
Engeland	England	
dus	so	
mijn	my	
de moedertaal (de moedertalen)	native language	
het Engels	English	
ik **spreek (spreken)**	I speak (to speak)	
ook	also	
beetje	bit	
een beetje	a bit	
het Nederlands	Dutch	
en	and	
u **bent (zijn)**	you are (to be)	
het Pasjtoe	Pashtoe	
Aziz **is (zijn)**	Aziz is (to be)	
je	your	
de voornaam (de voornamen)	first name	
of	or	
de achternaam (de achternamen)	last name	
ik **heet (heten)**	my name is	
het Spaans	Spanish	
het Catalaans	Catalan	
wat	what	
uw	your	

het Italiaans	Italian
welke (welk)	which
de talen (de taal)	languages
u **spreekt (spreken)**	you speak (to speak)
nog meer	other
sorry	sorry
alleen (adv.)	only
de meneer	Sir
goed (adv.)	well
het Arabisch	Arabic
het Frans	French
de mevrouw	Madam
de Russin (de Russinnen)	Russian woman
het Russisch	Russian
het Pools	Polish
de Duitser (de Duitsers)	German
het Duits	German
het Chinees	Chinese
het Deens	Danish
het Zweeds	Swedish
ik mis (missen)	I am missing (to miss)
nog	still
iemand	someone
maar	but
de roepnaam (de roepnamen)	given name
het Turks	Turkish
nou	well
allemaal	all of you
bedankt	thank you
Bedankt voor het voorstellen.	Thank you for introducing yourself.
we **zullen (zullen)**	we shall (shall)
we	we
elkaar	each other
nu	now
met	with
je	you
aanspreken	address each other
niet	not
niet meer	not any more
dan	then
we **beginnen (beginnen)**	we will begin (to begin)
de les (de lessen)	lesson

1A1b

de keer (de keren)	time
nog een keer	one more time
hoort u? **(horen)**	do you hear? (to hear)
omcirkel (omcirkelen)	circle (to circle)
juiste (juist)	correct
het woord (de woorden)	word
het voorbeeld (de voorbeelden)	example
hallo	hello

1A1c

vul in (invullen)	fill in (to fill in)
het	the
het schema (de schema's)	diagram
je **wilt (willen)**	you want, would like (to want)
de nationaliteit (de nationaliteiten)	nationality
de talenkennis	knowledge of languages
van	of
kun je? **(kunnen)**	can you (can)
zeggen	to say
informeel (informele)	informal
formeel (formele)	formal
de vraag (de vragen)	question

het antwoord (de antwoorden)	answer	
waar	where	
Waar kom je vandaan?	Where do you come from?	
vandaan komen	to come from	
heb je? (hebben)	do you have? (to have)	
u komt (komen)	(do) you come (to come)	
de Amerikaan (de Amerikanen)	American	
u hebt (hebben)	(do) you have (to have)	
de Deense (de Deensen)	Danish woman	
1A2		
kijk (kijken)	look (to look)	
kijken naar	to look at	
de oefening (de oefeningen)	exercise	
Nederland	the Netherlands	
de Nederlander (de Nederlanders)	Dutchman	
de Nederlandse (de Nederlandsen)	Dutch woman	
de Engelsman (de Engelsen)	Englishman	
de Engelse (de Engelsen)	English woman	
de Afghaan (de Afghanen)	Afghan	
de Afghaanse (de Afghaansen)	Afghan woman	
de Spanjaard (de Spanjaarden)	Spaniard	
de Spaanse (de Spaansen)	Spanish woman	
de Italiaan (de Italianen)	Italian	
de Italiaanse (de Italiaansen)	Italian woman	
de Marokkaan (de Marokkanen)	Moroccan	
de Marokkaanse (de Marokkaansen)	Moroccan woman	
Rusland	Russia	
de Rus (de Russen)	Russian	
de Duitse (de Duitsen)	German woman	
de Chinees (de Chinezen)	Chinese	
de Chinese (de Chinesen)	Chinese woman	
de Deen (de Denen)	Dane	
de Turk (de Turken)	Turk	
de Turkse (de Turksen)	Turkish woman	
1A3		
de woordvolgorde (de woordvolgordes/ woordvolgorden)	word order	
de hoofdzin (de hoofdzinnen)	main sentence	
hij	he	
hij spreekt (spreken)	he speaks (to speak)	
zij	she	
zij komt (komen)	she comes (to come)	
de rest	rest	
volgende (volgend)	following	
1A4		
vraag (vragen)	ask (to ask)	
vragen naar	to ask for	
de Amerikaanse (de Amerikaansen)	American woman	
1A5		
dit	this	
Iran	Iran	
het Farsi	Farsi	
het Dari	Dari	
want	because	
de moeder (de moeders)	mother	
de vader (de vaders)	father	
hij is geboren	he was born	
het is (zijn)	it is (to be)	
internationale (internationaal)	international	
de familie (de families)	family	
Dit is mijn vriend.	This is my friend.	
de vriend (de vrienden)	friend	
zijn	his	
haar	her	

1A6a	
lees (lezen)	read (to read)
de tekst (de teksten)	text
andere (ander)	other
ik **woon (wonen)**	I live (to live)
wonen in	to live in
ik **heb (hebben)**	I have (to have)
dubbele (dubbel)	double
de Française (de Françaises)	French woman
1A6b	
geef (geven)	give (to give)
antwoord geven op	to answer
ze **heet (heten)**	her name is
ze	she
ze **komt (komen)**	she comes (to come)
ze **spreekt (spreken)**	she speaks (to speak)
hij **komt (komen)**	he comes (to come)
ze **is (zijn)**	she is (to be)
1A6c	
Annabelle **vraagt (vragen)**	Annabelle asks (to ask)
1A7	
de medecursisten (de medecursist)	other students
loop (lopen)	walk (to walk)
loop rond (rondlopen)	walk around (to walk around)
minimaal (adv.)	at least
vijf	five
de herkomst	origin
land van herkomst	place of birth
Uitdrukking	
Daar is geen woord Frans bij!	That is plain English.

Deel B

1, 2, 3, 4	1, 2, 3, 4
1B1a	
het alfabet	alphabet
1B1b	
nog eens	again
herhaal (herhalen)	repeat (to repeat)
de letters (de letter)	letters
1B2	
spel je? **(spellen)**	do you spell? (to spell)
Hoe spel je dat?	How do you spell that?
dat	that
1B2a	
lees mee (meelezen)	read along (to read along)
Transcriptie	
vandaag	today
de cursus (de cursussen)	course
ik **zal (zullen)**	I shall, will (shall, will)
mezelf	myself
even	–
voorstellen	to introduce
u **kunt (kunnen)**	you can (can)
zeg (zeggen)	say (to say)
zeg maar jij	You can call me by my first name.
1B2b	
zeg na (nazeggen)	repeat (to repeat)
de zin (de zinnen)	sentence
1B3	
u **spelt (spellen)**	you spell (to spell)
1B4a	
de getallen (het getal)	numbers

Notitie

de geboortejaren (het geboortejaar)	birth years
we **zeggen (zeggen)**	we say (to say)
noem je **(noemen)**	say (to say)
wel	you do
vergelijk (vergelijken)	compare (to compare)
het jaartal (de jaartallen)	year
het bedrag (de bedragen)	amount
de euro (de euro's)	euro

1B4c

u **hoort (horen)**	you hear (to hear)

Transcriptie

oud	old
Hoe oud ben jij?	How old are you?
ben jij? **(zijn)**	are you? (to be)
hoeveel	how many
hij **spreekt wel zes talen**	he speaks six languages
wie **woont (wonen)**	who lives (to live)
het nummer (de nummers)	number
het mobieltje (de mobieltjes)	mobile phone
het woord **heeft (hebben)**	the word has (to have)
al (adv.)	already
het jaar (de jaren)	year
jouw	your
het e-mailadres (de e-mailadressen)	email address
het huisnummer (de huisnummers)	house number
ik **mag (mogen)**	I may, am allowed (may)
autorijden	to drive a car

1B4d

de afbeelding	picture

Transcriptie

de eigenaar **wil (willen)**	the owner could (could)
de eigenaar (de eigenaren/eigenaars)	owner
de auto (de auto's)	car
het kenteken (de kentekens)	number plate
zich	yourself
zich melden	to announce yourself
bij	at
de ingang (de ingangen)	entrance
plus	plus
woon jij? **(wonen)**	do you live? (to live)
het huis (de huizen)	house
op	on
het nummerbord (de nummerborden)	number plate
het geboortejaar **staat (staan)**	the birth year is written (to write)
de opa (de opa's)	grandfather
het totaal (de totalen)	total

1B5

het telefoonnummer (de telefoonnummers)	telephone number

1B6

geef op (opgeven)	give (to give)
de sommen (de som)	sums

Notitie

min	minus
maal	times
keer	times
gedeeld door	divided by

1B7a

officieel (adv.)	official
iedereen	everyone
iedereen **zegt (zeggen)**	everyone says (to say)
hele (heel)	whole
het leven (de levens)	life

de koningin (de koninginnen)	queen
de postcode (de postcodes)	postcode
geen	no
mobiele (mobiel)	mobile
de mobiele telefoon	mobile phone
de telefoon (de telefoons)	telephone
vaste (vast)	fixed
de vaste telefoon	fixed phone
gezond	healthy
eenzaam	lonely
wie **schrijft (schrijven)**	who will write (to write)
de brief (de brieven)	letter
1B7b	
de stad (de steden)	city
1B7c	
het adres (de adressen)	address
de leeftijd (de leeftijden)	age
Waar woon je?	Where do you live?
Wat is je adres?	What is your address?
Hoe schrijf je dat?	How do you write that?
schrijf je? **(schrijven)**	you write (to write)
Kun je dat spellen?	Could you spell that?
Op welk nummer woon je?	What number do you live on?
Welke postcode heb je?	What is your postcode?
Wat is je e-mailadres?	What is your email address?
Wat is je leeftijd?	How old are you?
Wat is je geboortedatum?	What is your date of birth?
de geboortedatum (de geboortedatums/geboortedata)	date of birth
u **kunt (kunnen)**	you can (can)
januari	January
1B8	
stel (stellen)	ask (to ask)
een vraag stellen aan	to ask a question
wissel (wisselen)	change (to change)
van rol wisselen	to change roles
daarna	then
1B9a	
de wereld (de werelden)	world
Indo-Europese (Indo-Europees)	Indo-European
circa	approximately
de mensen (de mens)	people
de mensen **spreken (spreken)**	the people speak (to speak)
als	as
meeste (meest)	most
deze	these
de sprekers (de spreker)	speakers
de meeste wonen (wonen)	most live (to live)
West-Europa	Western Europe
officiële (officieel)	official
Vlaanderen	Flanders
het deel (de delen)	part
België	Belgium
het Vlaams	Flemish
Nederland en België **liggen in (liggen in) (liggen in)**	the Netherlands and Belgium are situated in (to be situated in)
Europa	Europe
de inwoners (de inwoner)	inhabitants
de inwoners **kennen (kennen)**	the inhabitants know (to know)
Suriname	Surinam
de kolonie (de kolonies/koloniën)	colony
zij spreken (spreken)	they speak (to speak)
meestal	mostly
het Sranantongo	Sranan Tongo

de eilanden (het eiland)	islands
Aruba	Aruba
Bonaire	Bonaire
Curaçao	Curaçao
Saba	Saba
Sint-Eustasius	Saint Eustace
Sint-Maarten	Saint Martin
binnen	belonging to
het koninkrijk (de koninkrijken)	kingdom
Koninkrijk der Nederlanden	Kingdom of the Netherlands
het Papiaments	Papiamento
Midden-Amerika	Central America
Zuid-Amerika	South America
het Nederlands en het Duits behoren tot (behoren)	Dutch and German belong to (to belong)
behoren tot	to belong to
dezelfde	same
ze lijken (lijken)	they look like (to look like)
lijken op	to look like
veel	a lot
de overeenkomsten (de overeenkomst)	similarities
met	with
men	people
het Afrikaans	African
Zuid-Afrika	South Africa
de banden (de band)	ties
Indonesië	Indonesia
het Bahasa	Bahasa Indonesian
de elementen (het element)	elements
de elementen zitten (zitten)	the elements are (to be)
voormalige (voormalig)	former
de immigranten (de immigrant)	immigrants
soms	sometimes
voorkomende (voorkomend)	appearing in
1B9b	
de vormen (de vorm)	forms
wij	we
ze	they
1B9c	
hetzelfde	same
hetzelfde als	same as
1B9d	
de pluralisvormen zijn (zijn)	plurals are (to be)
identiek	identical
Notitie	
zonder	without
de nadruk	emphasis
Russisch	Russian
Nederlands	Dutch
1B10	
de beurt (de beurten)	turn
om de beurt	take turns
studeren	to study
begrijpen	to understand
dansen	to dance
1B11	
u wilt (willen)	you want, would like (to want)
de informatie	information
over	about
u krijgt (krijgen)	you will get (to get)
het formulier (de formulieren)	form
de docent (de docenten)	teacher
de woonplaats (de woonplaatsen)	city, town

Notitie

het apenstaartje (de apenstaartjes)	at sign

Uitdrukking

Beter één vogel in de hand dan tien in de lucht.	A bird in the hand is worth two in the bush.

Deel C

Tot de volgende keer! — See you next time!

1C1

het afscheid	goodbye
afscheid nemen	saying goodbye

1C1a

zet (zetten)	put (to put)
dag	hello, bye
doei	see ya
goedemiddag	good afternoon
hoi	hi
tot ziens	until we meet again
weggaan (s.v.)	to go away

Transcriptie

dialoog 1	
leuk	nice
te	to
ontmoeten	to meet
lang (adv.)	long
hier	here
voor	kind of
wat voor	what kind of
het werk	work
u **doet (doen)**	you do (to do)
de kok (de koks)	cook
Wat leuk!	How nice!
succes met	good luck
dialoog 2	
heel (adv.)	very
dank je wel	thank you
ik **studeer (studeren)**	I am studying (to study)
de taalwetenschap (de taalwetenschappen)	Linguistics
de studie (de studies)	studies
dialoog 3	
prettig	nice
kennismaken met (s.v.)	meeting you
de vakantie (de vakanties)	holiday
op vakantie	on a holiday
logeren	to stay
bij	with
mij	me
gezellig	How nice!
Nederlandse (Nederlands)	Dutch
ik **begrijp (begrijpen)**	I understand (to understand)
fijne (fijn)	nice
tot snel	see you soon
dialoog 4	
de secretaresse (de secretaresses)	secretary
het congres (de congressen)	congress
toesturen	to send
de post	post
per post	by post
ontvangen	to receive
ik **stuur** ... **op (opsturen)**	I will send (to send)
meteen	immediately
vriendelijk	so kind

1C1b

gebruiken	to use

1C1c

extra	extra
goedenacht	good night
goedenavond	good evening
gauw	soon
tot gauw	see you soon
morgen	tomorrow
tot morgen	see you tomorrow
straks	later
tot straks	see you later
zo	in a while
tot zo	see you in a while
welterusten	good night

Notitie

de man (de mannen)	man
de vrouw (de vrouwen)	woman
de bekenden (de bekende)	known
jonge (jong)	young
de onbekenden (de onbekende)	unknown
oudere (ouder)	older
als iemand **zich voorstelt (zich voorstellen)**	when someone introduces himself, herself (to introduce)
zich voorstellen aan	to introduce yourself to
als	when
reageren	to react
de reactie (de reacties)	reaction
aangenaam	pleasure

1C2

vraag je? **(vragen)**	do you ask? (to ask)

1C2a

maak (maken)	make (to make)
het beroep (de beroepen)	profession
de tandarts (de tandartsen)	dentist

1C2b

de vraagzin (de vraagzinnen)	question
gewone (gewoon)	common

1C3b

de spreektaal	spoken language
vaak	often
beide	both

1C4

doe (doen)	do (to do)
de Verenigde Staten	United States

1C5a

het kaartje (de kaartjes)	card
u bedenkt (bedenken)	you think of (to think of)
de straat (de straten)	street

1C5b

de groep (de groepen)	group
zoek (zoeken)	look for (to look for)
vorm (vormen)	form (to form)
samen	together
het groepje (de groepjes)	group

1C6

het inschrijfformulier (de inschrijfformulieren)	registration form
volgen	to do
een cursus volgen	to do a course
u gaat (gaan)	you go (to go)
het taleninstituut (de taleninstituten)	language institute
de balie (de balies)	counter

persoonlijke (persoonlijk)	personal
de gegevens	data
de personalia	personal data
de voorletters (de voorletter)	initials
de opleiding (de opleidingen)	education

Notitie

het gebruik van	use of
de leestekens (het leesteken)	punctuation marks
de hoofdletters (de hoofdletter)	capital letters
het begin	beginning
aan het begin van de zin	at the beginning of the sentence
de eigennamen (de eigennaam)	proper names
geografische (geografisch)	geographical
de straatnamen (de straatnaam)	street names
bijvoorbeeld	for example
de punt (de punten)	period, full stop
het vraagteken (de vraagtekens)	question mark
het uitroepteken (de uitroeptekens)	exclamation mark
het einde (de einden/eindes)	end
de komma (de komma's)	comma
de pauze (de pauzes)	pause
de dubbele punt (de dubbele punten)	colon
de opsomming (de opsommingen)	enumeration
om iets te verduidelijken	to make something clear
iets	something
te	to
verduidelijken	to make clear
het citaat (de citaten)	quote

1C7

de sportschool (de sportscholen)	fitness club
de fitness	fitness
de baliemedewerker (de baliemedewerkers)	receptionist
de klant (klanten)	client
hij vult in (invullen)	he fills in (to fill in)
hieronder	below
het lid (de leden)	member
de sport (de sporten)	sport
u hebt ingevuld (invullen)	you filled in (to fill in)

1C8

het interview (de interviews)	interview
kies (kiezen)	choose (to choose)
interview (interviewen)	interview (to interview)
gebruik (gebruiken)	use (to use)
alle (al)	all
eerste	first
de ontmoeting (de ontmoetingen)	first meeting
u studeert (studeren)	you study (to study)

Uitdrukking

Jong geleerd is oud gedaan.	Something learned at an early age will be easy when one is older.

Uitspraak

lange (lang)	long
korte (kort)	short
je hebt (hebben)	you have (to have)
de maan (de manen)	moon
de zoon (de zonen)	son
de zon (de zonnen)	sun
de syllabe eindigt op (eindigen op)	the syllable ends with (to ends with)
kort	short
lang	long
de vraagintonatie (de vraagintonaties)	rising intonation pattern
de melodie geeft aan (aangeven)	the tune indicates (to indicate)
de melodie (de melodieën)	tune

Hoofdstuk 2

Deel A

Dat is lang geleden!	It's been some time.
2A1	
het café (de cafés)	pub
2A1a	
het telefoongesprek (de telefoongesprekken)	telephone conversation
tussen	between
de afspraak (de afspraken)	appointment
een afspraak maken	to make an appointment
het examen (de examens)	exam
op	on
op woensdag	on Wednesday
de woensdag	Wednesday
het weekend (de weekends)	weekend
in het weekend	at the weekend
Mustafa **gaat (gaan)**	Mustafa goes (to go)
de vriendin (de vriendinnen)	friend
bezoeken	to visit
volgende (volgend)	next
volgende week	next week
volgende week donderdag	on Thursday one week from now
de week (de weken)	week
de donderdag	Thursday
Transcriptie	
lang geleden	been some time
Hoe gaat het met je?	How are you?
prima	fine
de jongen (de jongens)	boy
Kan niet beter. (kunnen)	Couldn't be better. (can)
beter	better
Hoe is het met jou?	How are you?
jou	you
z'n gangetje	fine
druk	busy
zeg, …	tell me…
toch	–
de barkeeper (de barkeepers)	bartender
inderdaad	indeed
de struisvogel (de struisvogels)	ostrich
wel eens	some time
zien	to see
afspreken (s.v)	to meet
wachten	to wait
even	a second
wacht even	wait a second
pakken	to get
de agenda (de agenda's)	timetable
morgenavond	tomorrow evening
kijken	to look
even kijken	(let's) take a look
de dag (de dagen)	day
de tijd (de tijden)	time
Ik heb geen tijd.	I do not have time.
moeten	must
donderdagochtend	Thursday morning
vrijdag	Friday
ik **ga (gaan)**	I am going (to go)
uitstekend	wonderful
de groeten (de groet)	say hello
de groeten doen	to say hello

voor	on
donderdagavond	Thursday evening
ik kan (kunnen)	I can (can)
hartstikke	really
hartstikke leuk	really nice
weer eens	again
bijpraten (s.v.)	to catch up
om	at
om acht uur	at eight o'clock
het uur (de uren)	hour
het mag (mogen)	it can (can)
het uurtje (de uurtjes)	hour
later	later
ja	yes
ja hoor	sure
super	great

Notitie

het toestel (de toestellen)	telephone
de gsm (de gsm's)	mobile phone
een nummer draaien	to dial a number
een nummer (in)toetsen	to dial a number
overgaan	to ring
gaan	to ring
de telefoon gaat (over)	the phone is ringing
rinkelen	to ring
de telefoon opnemen (s.v.)	to pick up the phone
de telefoon ophangen (s.v.)	to hang up the phone

2A1b

alles	everything
Alles goed?	How's everything?
geweldig	wonderful
heel goed	very good
het gaat (wel)	it's okay
slecht	not good
niet zo goed	not too good
zo	so

Notitie

onregelmatig(e)	irregular
het overzicht (de overzichten)	table
aan	at
het eind (de einden/eindes)	end
aan het eind	at the end
het hoofdstuk (de hoofdstukken)	chapter

2A3a

compleet	complete
compleet maken	to complete
de maandag	Monday
werken	work (to work)
de dinsdag	Tuesday

2A3b

het kinderrijmpje (de kinderrijmpjes)	nursery rhyme
tegen	to
zeggen tegen	to say to
aanstaande	next
de trein (de treinen)	train
de zaterdag	Saturday
de zondag	Sunday

2A4a

april	April
de kalender (de kalenders)	calendar
de maand (de maanden)	month
de weekdag (de weekdagen)	day of the week
het weekeinde (de weekeindes/de weekeinden)	weekend

Notitie	
de morgen	morning
de ochtend (de ochtenden)	morning
tussen de middag	in the afternoon
de middag (de middagen)	afternoon
de avond (de avonden)	evening
de nacht (de nachten)	night
vanmorgen	this morning
vanochtend	this morning
vanmiddag	this afternoon
vanavond	tonight
vannacht	tonight
overmorgen	day after tomorrow
het was (zijn)	it was (to be)
gisteren	yesterday
eergisteren	day before yesterday
doordeweeks	during the week
de combinatie (de combinaties)	combination
het dagdeel (de dagdelen)	part of the day
2A5	
het huiswerk	homework
2A6	
speciale (speciaal)	special
2A6a	
de betekenis (de betekenissen)	meaning
door	because of
zie je (zien)	you see (to see)
de uitdrukkingen (de uitdrukking)	expressions
wasdag	washing day
na	after
de was	to wash
de was doen	to do the wash
strijken	to iron
logisch(e)	logical
het gevolg (de gevolgen)	consequence
dus	therefore
ook wel	also
strijkdag	ironing day
bekend	known
bekend staan als	to be known as
gehaktdag	mince-meat day
het gehakt	mince-meat
de reclame (de reclames)	special offer
in de reclame zijn	to be on special offer
christelijke (christelijk)	Christian
het geloof (de geloven)	faith
witte (wit)	white
Witte Donderdag	Holy Thursday
goede (goed)	good
Goede Vrijdag	Good Friday
stille (stil)	silent
Stille Zaterdag	Holy Saturday
voor	before
het paasfeest	Easter
de traditie (de tradities)	tradition
laatste (laatst)	final
het avondmaal	supper
het Laatste Avondmaal	Final Supper
visdag	fish day
bekende (bekend)	known
de uitspraak (de uitspraken)	saying
sommige	some
de katholieken (de katholiek)	Catholics
eten	to eat

het vlees	meat
de vis (de vissen)	fish
zwarte (zwart)	black
de wegen (de weg)	roads
vol	full
vol met	full of
de rustdag	day of rest
2A7a	
Ga je mee? (meegaan)	Will you come with me? (to come with)
2A7b	
wanneer	when
Uitdrukking	
Afspraak is afspraak!	Stick to your word.

Deel B

Tot hoe laat is het museum open? — What time does the museum close?

2B1	
de pizzeria (de pizzeria's)	pizzeria
het museum (de museums/musea)	museum
het museum **is gesloten (sluiten)**	the museum is closed (to close)
Transcriptie	
Wat leuk om je te zien!	How nice to see you!
altijd	always
's avonds	in the evening
ik **houd van (houden van)**	I like (to like)
ik houd er niet van.	I don't like it.
de barkeepster (de barkeepsters)	bartender
de kunst (de kunsten)	art
de archeologie	archeology
interessant	interesting
zo	right away
Hoe laat is het?	What time is it?
half	thirty
het is half een	it's twelve-thirty
eigenlijk	actually
open	open
iedere (ieder)	every
behalve	except
van ... tot	from ... to
van hoe laat tot hoe laat	what are the opening hours
het museum **gaat open (opengaan)**	the museum opens (to open)
sluiten	to close
het kopje (de kopjes)	cup
een kopje koffie	cup of coffee
de koffie	coffee
drinken	to drink
anders	different
pas	only
lekker(e)	good
anders (adv.)	otherwise
op tijd komen	to be on time
ik zie (zien)	I see (to see)
2B2	
Hollandse (Hollands)	Dutch
de meesters (de meester)	masters
2B2a	
beroemde (beroemd)	famous
de schilders (de schilder)	painters
ze	them
grote (groot)	large
de collectie (de collecties)	collection
de Nachtwacht	Night Watch

de schilderijen (het schilderij)	paintings
de zonnebloemen (de zonnebloem)	sunflowers
vrolijke (vrolijk)	merry
het huisgezin (de huisgezinnen)	family
het meisje (de meisjes)	girl
de parel (de parels)	pearl
2B3a	
over	past
vijf over negen	five past nine
het kwart (de kwarten)	quarter
kwart over negen	quarter past nine
voor	to
tien voor half tien	nine twenty
precies	exactly
exact	exactly
bijna	nearly
's morgens	in the morning
's ochtends	in the morning
's middags	in the afternoon
's nachts	in the evening
2B3b	
duren	to take
de minuten (de minuut)	minutes
het halfuur	half hour
het kwartier	quarter of an hour
de seconden (de seconde)	seconds
2B4	
klokkijken	to tell time
het kopieerblad (de kopieerbladen)	photocopy
de wijzers (de wijzer)	hands
de klok (de klokken)	clock
Notitie	
analoge (analoog)	analogous
laat je ... weg (weglaten)	to leave out (to leave out)
digitale (digitaal)	digital
2B5	
de plaats (de plaatsen)	place
2B5b	
de volgorde (de volgordes/volgorden)	order
2B6	
Hoe laat gaat het museum dicht?	What time does the museum close?
het museum gaat dicht (dichtgaan)	the museum closes (to close)
dicht	closed
klaar	finished
klaar zijn met	to be finished with
het concert (de concerten)	concert
het concert is afgelopen (aflopen)	the concert finishes (to finish)
2B7a	
de situatie (de situaties)	situation
bellen	to phone
Kopieerblad	
de openingstijden (de openingstijd)	opening hours
de feestdagen (de feestdag)	religious holidays
2B8b	
mogelijk	possible
officiëler	more official
2B8c	
de voorbeeldzinnen (de voorbeeldzin)	example sentences
2B10a	
Ik kan weg.	I can go.
helaas	unfortunately
zin hebben	to feel like
misschien	maybe

2B10b	
de regel (de regels)	rule
jammer	too bad
2B11	
Kies waar u heen wilt.	Choose where you want to go to.
Uitdrukking	
Beter laat dan nooit.	Better late than never.

Deel C

Waar gaan we eten?	Where shall we eat?
2C1	
uit eten gaan	to eat in a restaurant
2C1a	
de verjaardag (de verjaardagen)	birthday
het eetcafé (de eetcafés)	restaurant
Transcriptie	
vast wel	probably
waarom	why
zeker	for sure
het feestje (de feestjes)	party
echt (adv.)	really
daarom	that is why
vinden	to think
het voorstel (de voorstellen)	proposal
meenemen (s.v.)	to take
Ik neem je mee uit eten.	I'm taking you out to dinner.
eindelijk	finally
bijkletsen (s.v.)	catch up
de meid (de meiden)	girl
o meid	hey girl
de verrassing (de verrassingen)	surprise
het restaurant (de restaurants)	restaurant
leuk(e)	nice
daar	there
Dat klopt.	That's right.
het seizoen (de seizoenen)	season
2C1b	
de aardbeien (de aardbei)	strawberries
de winter	winter
in de winter	in the winter
de stamppot (de stamppotten)	hotchpotch
de lente	spring
de asperges (de asperge)	asparagus
de zomer	summer
wild(e)	game
wild zwijn	wild boar
de herfst	autumn
Transcriptie	
betekenen	to mean
snappen	to understand
ik snap het	I understand
de dames (de dame)	ladies
alvast	already
het ijs	ice
met ijs	on the rocks
de menukaart (de menukaarten)	menu
alstublieft	please
meebrengen (s.v.)	to bring with
de drankjes (het drankje)	drinks
proost	cheers
de gezondheid	health
op je gezondheid!	cheers!
de zuurkoolstamppot	sauerkraut hotchpotch

dol zijn op	to love
niet zo	not really
ik houd niet zo van	I do not really like
de zuurkool	sauerkraut
de kaart (de kaarten)	menu
joh	boy/girl
seizoensgebonden	seasonal
de producten (het product)	products
het wild	game
uitspreken (s.v.)	to pronounce
Hoe spreek je dit uit?	How do you pronounce this?
de spruitjes (het spruitje)	Brussels sprouts
de soort (de soorten)	type
een soort groente	a type of vegetable
de groente (de groenten/groentes)	vegetable
kleine (klein)	small
groene (groen)	green
de kooltjes (het kooltje)	buds

2C1c

bestellen	to order
het voorgerecht (de voorgerechten)	starter
de erwtensoep	pea soup
het trio (de trio's)	trio
gestoofde (gestoofd)	steamed
de garnalencocktail (de garnalencocktails)	shrimp cocktail
de mosterdsoep	mustard soup
het hoofdgerecht (de hoofdgerechten)	main course
de biefstuk (de biefstukken)	steak
gebakken	fried
de aardappeltjes (het aardappeltje)	potatoes
de zalmfilet (de zalmfilets)	salmon
de saus (de sauzen)	sauce
de frietjes (het frietje)	French fries
de worteltjes (het worteltje)	carrots
de rookworst (de rookworsten)	smoked sausage
de pannenkoek (de pannenkoeken)	pancake
de spinazie	spinach
de geitenkaas (de geitenkazen)	goat cheese
het dessert (desserts)	dessert
het vanille-ijs	vanilla ice cream
warm(e)	warm
de chocoladesaus	chocolate sauce
de slagroom	whipped cream
de appelbol (de appelbollen)	apple dumpling
de griesmeelpudding (griesmeelpuddingen)	semolina pudding
het bessensap	currant juice
de flensjes (het flensje)	crêpes
de sinaasappelsaus	orange sauce
verkrijgbaar	available
het roggebrood	rye bread
het spek	bacon

Transcriptie

liever	rather
het nagerecht (de nagerechten)	dessert
proberen	to try
ik neem wél	I will have
erg (adv.)	very
zwaar	hearty
de wijn (de wijnen)	wine
rode (rood)	red
de keuze (de keuzes/keuzen)	choice
dank u wel	thank you

de wijnkaart (de wijnkaarten)	wine list
natuurlijk	of course
Notitie	
het toetje (de toetjes)	dessert
2C2	
de gerechten (het gerecht)	plates
de foto (de foto's)	picture
de kolom (de kolommen)	column
de dranken (de drank)	drinks
2C3	
pardon	excuse me
ik **versta (verstaan)**	I understand (to understand)
neem me niet kwalijk	excuse me
neemt u me niet kwalijk	excuse me
me	me
Notitie	
je **verstaat (verstaan)**	you understand (to understand)
2C4	
het driegangenmenu	three-course meal
de ober (de obers)	waiter
de serveerster (de serveersters)	waitress
jazeker	of course
in plaats van	instead of
het glas (de glazen)	glass
2C5	
juni	June
juli	July
september	September
oktober	October
november	November
maart	March
mei	May
augustus	August
december	December
februari	February
Notitie	
het jaargetijde (de jaargetijden)	season
het voorjaar	spring
het najaar	autumn
's zomers	in the summer
's winters	in the winter
2C6	
de zomertijd	summertime
2C6a	
van … op	from…to
van zaterdag op zondag	from Saturday to Sunday
één	one
vooruit	ahead
de klok gaat vooruit	the clock goes forward
eindigen op	to end on
van … naar	from…to
van 2 naar 3 uur	from 2 to 3 o'clock
langer (adv.)	longer
het daglicht	daylight
profiteren	to take advantage of
sinds	since
de klok wordt teruggezet	the clock goes back
2C6b	
de wintertijd	wintertime
achteruit	back
steeds	each time
eerder	earlier
licht	light
donker	dark

2C7	
de verjaardagskalender (de verjaardagskalenders)	birthday calendar
jarig zijn	to have a birthday
2C8a	
het persbericht (de persberichten)	press release
kort (adv.)	–
sinds kort	recently
vriendelijke (vriendelijk)	friendly
serveren	to serve
biologische (biologisch)	biological
per	per
per jaargetijde	per season
verse (vers)	fresh
het fruit	fruit
gegrilde (gegrild)	grilled
het menu (de menu's)	menu
de sla	salad
de vijgen (de vijg)	figs
de ui (uien)	onion
de paddenstoelen (de paddenstoel)	mushrooms
het lamsvlees	mutton
breed (brede)	large
het assortiment (de assortimenten)	assortment
het café is geopend (geopend zijn)	the restaurant is open (to be open)
tot en met	until
de keuken (de keukens)	kitchen
2C9	
uitnodigen (s.v.)	to invite
het etentje (de etentjes)	dinner
opbellen (s.v.)	to call
hem	him
haar	her
vertellen	to tell
Uitdrukking	
Maart roert zijn staart.	March comes in like a lion and goes out as a lamb.
April doet wat hij wil.	April is the cruellest month.
In mei leggen alle vogeltjes een ei.	As welcome as the flowers of May.
Uitspraak	
de klemtoon (de klemtonen)	stress
het accent (de accenten)	emphasis
vast	fixed
vallen op	to be on
tweede	second
derde	third

Hoofdstuk 3

Doe jij vandaag de boodschappen? — Will you do the shopping today?

Deel A

Ik lust geen spruitjes — I don't like Brussels sprouts

3A1	
avondeten	to have dinner
lekker vinden	to like
de karbonades (de karbonade)	pork chops
lusten	to like
het bord (borden)	plate
leegeten (s.v.)	to finish
gele (geel)	yellow
de vla	custard
gele vla	custard

zoete (zoet)	sweet
de dingen (het ding)	things
de melk	milk
Transcriptie	
de tafel (tafels)	table
aan tafel	dinner is served
mooi (adv.)	good
ik heb zo'n honger	I'm hungry
de honger	hunger
honger hebben	to be hungry
gekookte (gekookt)	boiled
de aardappels (de aardappel)	potatoes
de karbonaadjes (het karbonaadje)	pork chops
de dochter (dochters)	daughter
bah	ugh
vies (adv.)	doesn't/don't taste well
bitter	bitter
de rauwkost	salad
of zo	or something
veel (adv.)	much
lekkerder	nicer
kom op	come on
de pot (potten)	pot
eten wat de pot schaft	to eat what's cooked
prakken	to mash
wat	some
de jus	gravy
proeven	to taste
bittere (bitter)	bitter
de smaak (smaken)	taste
gelijk hebben	to be right
gewoon je eten opeten	to finish up
het eten	food
opeten (s.v.)	to finish up
we hebben er twee	we have two
de chocoladepudding (chocoladepuddingen)	chocolate pudding
moeilijk (adv.)	difficult
heerlijk (adv.)	delicious
smakelijk (adv.)	tasty
smakelijk eten	enjoy your meal
eet smakelijk	enjoy your meal
de anderen (de ander)	others
de dorst	thirst
dorst hebben	to be thirsty
mam	mom
de koelkast (koelkasten)	refrigerator
zuur	gone off
het pak (pakken)	carton
het wonder (wonderen)	wonder
geen wonder	no wonder
de datum (datums/data)	date
de melk is over de datum	the milk has expired
Hoe kan dat nou?	How is that possible?
klagen	to complain
de supermarkt (supermarkten)	supermarket
het water	water
3A2	
de speculaas	spiced biscuit
de sperziebonen (de sperzieboon)	runner beans
de andijvie	endive
smerig (adv.)	horrible
rauwe (rauw)	raw
de haring (haringen)	herring

3A3

het voedingsproduct (voedingsproducten)	food
het ontbijt	breakfast
minstens	at least
het witbrood	white bread
het bruinbrood	brown bread
de croissant (croissants)	croissant
de boter	butter
de cornflakes	cornflakes
de (verse) jus	(freshly squeezed) orange juice
de smeerleverworst	meat paste
de cracker (crackers)	cracker
het broodje (broodjes)	bun
het beschuitje (beschuitjes)	biscuit rusk
de boterhamworst	luncheon meat
de jam	jam
de kop (koppen)	cup
de kaas (kazen)	cheese
de ham	ham
de pindakaas	peanut butter
de yoghurt	yoghurt
het ei (eieren)	egg
de beker (bekers)	mug
de salami	salami
de hagelslag	chocolate sprinkles
de muesli	muesli
de krentenbol (krentenbollen)	currant bun
de thee	tea

Notitie

brood uit het vuistje	sandwich
het brood (broden)	bread
de boterham (boterhammen)	slice of bread
smeren	to spread

3A4

het hotel (hotels)	hotel
warm	warm
zitten	to sit
aan het ontbijt	at breakfast
roepen	to call
brengen	to bring
zacht(e)	soft boiled
het sinaasappelsap	orange juice
koud	cold
het spijt me	I'm sorry
drukke (druk)	busy
het excuus (excuses)	excuse
gewoon (adv.)	just

3A5

hiernaast	next to this
kleiner	smaller
het kleinst(e)	smallest

3A5a

warmer	warmer
gaat u toch naar het Hilton	Why don't you go to the Hilton?
het best(e)	best
zachter	softer
verser	fresher
duurder	more expensive

3A5b

omcirkelde (omcirkelen)	circled (to circle)
duur	expensive
nieuwer	newer
viezer	dirtier
kouder	colder

zuurder	more sour
ouder	older
bitterder	more bitter
groter	bigger
het warmst(e)	warmest
het nieuwst(e)	newest
het zachtst(e)	softest
het verst(e)	most fresh
het viest(e)	dirtiest
het koudst(e)	coldest
het zuurst(e)	most sour
het oudst(e)	oldest
het bitterst(e)	most bitter
het lekkerst(e)	best
het grootst(e)	biggest
het duurst(e)	most expensive
3A5c	
let op (opletten)	note (to note)
3A6	
de pinda's (de pinda)	peanuts
Notitie	
de chips	chips
zout	salty
de citroenen (de citroen)	lemons
zuur	sour
hartig	savoury
de worst (worsten)	sausage
3A7b	
dat smaakt (smaken)	it tastes (to taste)
of	if
de chocolade	chocolate
3A8	
kopen	to buy
3A8a	
het boodschappenlijstje (boodschappenlijstjes)	shopping list
die	those
de boontjes (het boontje)	beans
rare (raar)	funny
de tomaten (de tomaat)	tomatoes
het bosje (bosjes)	bunch
de radijs (radijzen)	radish
gemengde (gemengd)	mixed
de salade (salades)	salad
3A8c	
dichtbij	close by
verder weg	further away
3A9	
Ik heb geen zin!	I don't feel like it!
3A9a	
zin hebben om te	to feel like
ongezond	unhealthy
zin hebben in	to feel like
praten	to talk
3A9b	
volgen	to follow
3A9c	
Waar hebt u zin in?	What do you feel like doing?
3A10	
koken	to cook
gek zijn op	to love
de chocoladevla	chocolate custard
Uitdrukking	
Over smaak valt niet te twisten.	There is no accounting for taste.

Deel B

Een kilo asperges alstublieft!	One kilogram asparagus please!
3B1	
de markt (markten)	market
op de markt	at the marktet
3B1a	
de bananen (de banaan)	bananas
de radijsjes (het radijsje)	radish
hele	very
mooie (mooi)	nice
rooie (rode)	red
maar ja	alright
nodig hebben	to need
doe die maar	I'll take those
liggen	lying
het mooist(e)	prettiest
het kilo (kilo's)	kilogram
verder	furthermore
de krop (kroppen)	crop
de komkommer (komkommers)	cucumber
de paprika's (de paprika)	sweet pepper
Dat was het?	Anything else?
prachtige (prachtig)	beautiful
het pond	half a kilo
de peterselie	parsley
het ons	hundred grams
de champignons (de champignon)	mushrooms
opschieten (s.v.)	to hurry up
de slager (slagers)	butcher
jawel	yes
Dat was het zo?	Would you like anything else?
dat is dan	that makes
met € 26,50	that's € 26,50 in change
Notitie	
de suiker	sugar
het zout	salt
de witlof	Belgian endive
de broccoli	broccoli
3B2	
de courgettes (de courgette)	courgettes
de peer (peren)	pear
de appel (appels/appelen)	apple
de spinazie	spinach
de kiwi (kiwi's)	kiwi
de sinaasappel (sinaasappels)	orange
de pompoen (pompoenen)	pumpkin
de wortels (de wortel)	carrots
de suikermeloen (suikermeloenen)	melon
de kersen (de kers)	cherrys
blauwe (blauw)	blue
de bessen (de bes)	berrys
de blauwe bessen	blueberrys
de watermeloenen (de watermeloen)	watermelons
de aardbeien (de aardbei)	strawberrys
de erwten (de erwt)	peas
de ananas (ananassen)	pineapple
de bloemkool (bloemkolen)	cauliflower
de framboos (frambozen)	raspberry
de pruim (pruimen)	plum
de bramen (de braam)	blackberrys
het sjalotje (sjalotjes)	shallot
de knoflook	garlic

Notitie	
de fruitsoorten (de fruitsoort)	types of fruit
de groentesoorten (de groentesoort)	types of vegetable
de rodekool	red cabbage
3B3a	
Wie is er aan de beurt?	Whose turn is it?
Wie mag ik helpen?	Who can I help?
helpen	to help
zegt u het maar	What would you like?
Hoeveel wilt u (er)?	How many would you like?
Hoeveel mag het zijn?	How much would you like?
Anders nog iets?	Would you like anything else?
halve (half)	half
een halve kilo	half a kilogram
het rundvlees	beef
mager(e)	lean
anderhalf (anderhalve)	one and a half
het stukje (stukjes)	piece
een ons of twee	one or two hundred grammes
pikante (pikant)	spicy
de worstjes (het worstje)	sausages
betalen	to pay
afrekenen (s.v.)	to pay
Hoeveel krijgt u van me?	How much do I owe you?
Hoeveel is het (bij elkaar)?	How much does that make?
informeren naar	to ask about
de prijs (prijzen)	price
Hoe duur is ...?	How much is...?
Hoeveel kost ...?	How much is...?
Transcriptie	
de aanbieding (aanbiedingen)	special offer
in de aanbieding zijn	to be on offer
dat **scheelt (schelen)**	what a difference (to make a difference)
goedkoop	cheap
ongeveer	about
het rookspek	smoked bacon
de blokjes (het blokje)	diced
snijden	to cut
allebei	both
de vleeswaren	cold cuts
U hebt zeker geen kippenbouten?	Do you have any drumsticks?
de kippenbouten (de kippenbout)	drumsticks
de winkel (winkels)	shop
de overkant	other side
aan de overkant	on the other side
de collega's (de collega)	colleagues
naartoe gaan	to go to
pinnen	PIN payment
het tasje (tasjes)	bag
de boodschappentas (boodschappentassen)	shopping bag
nog een fijne dag	have a nice day
het geld	money
het muntstuk (muntstukken)	coin
het bankbiljet (bankbiljetten)	banknote
de munten (de munt)	coins
Notitie	
de (euro)cent	euro cent
Notitie	
het/de gram	gram
de winkeliers (de winkelier)	shopkeepers
steeds	still
het stuk (stukken)	piece

dat stuk **weegt (wegen)**	that piece weighs (to weigh)
het dozijn	dozen
stuks	pieces
een paar	a few

3B3b

de gewichten (het gewicht)	measures of weights
de inhoudsmaten (de inhoudsmaat)	measures of volume
de liter (liters)	litre
de halve liter	half a litre
de koffiemelk	milk
woorden van hoeveelheid	amounts
de hoeveelheid (hoeveelheden)	amount
de bos (bossen)	bunch
de tros (trossen)	bunch
de druiven (de druif)	grapes

3B3c

elke (elk)	every
oude (oud)	old
oude kaas	ripened cheese
heerlijke (heerlijk)	delicious
de meloenen (de meloen)	melons

3B4

de leverworst (leverworsten)	meat paste

3B5

wie **verkoopt (verkopen)**	who sells (to sell)
de persoon (personen)	person
de bakker (bakkers)	baker
de banketbakker (banketbakkers)	confectioner
de groenteboer (groenteboeren)	greengrocer
de kaasboer (kaasboeren)	cheesemonger
de visboer (visboeren)	fishmonger
de slijter (slijters)	wine merchant
de marktkoopman (marktkoopmannen)	market vendor
de marktkoopvrouw (marktkoopvrouwen)	market woman
het gebak	pastry
de koek (koeken)	biscuit
de slagerij (slagerijen)	butcher
de bakkerij (bakkerijen)	bakery
de banketbakkerij (banketbakkerijen)	confectioner
de groentewinkel (groentewinkels)	greengrocer
de viswinkel (viswinkels)	fishmonger
de slijterij (slijterijen)	wine store

3B7

de verpakkingen (de verpakking)	packing materials
de karnemelk	buttermilk
het pakje (pakjes)	packet
het kuipje (kuipjes)	tub
de margarine	margarine
de fles (flessen)	bottle
de ranja	orangeade
de doos (dozen)	box
de koekjes (het koekje)	biscuits
het blik (blikken)	can
de pot (potten)	jar
het potje (potjes)	jar
de appelmoes	apple sauce
het krat (kratten)	crate
de/het pils	pint
het bier	beer
de tube (tubes/tuben)	tube
de mayonaise	mayonnaise
de rol (rollen)	roll
de/het drop	liquorice
de zak (zakken)	bag

passen bij	to belong to
meerdere	more
de mogelijkheden (de mogelijkheid)	possibilities
de cola	Coke, cola
de augurken (de augurk)	gherkins
het kattenvoer	cat food
de lucifers (de lucifer)	matches
de beschuit (beschuiten)	Dutch rusk
het flesje (flesjes)	bottle
het zakje (zakjes)	package
het blikje (blikjes)	can
het doosje (de doosjes)	box
Uitdrukking	
Van alle markten thuis zijn.	To be a jack-of-all-trades.

Deel C

Mag het ietsje meer zijn?	Could I give you a bit more?

3C1a

Transcriptie	
de broodafdeling	bread section
meelopen	to walk with you
volkoren	wholemeal
een heel volkoren	one wholemeal bread
gesneden (snijden)	sliced
het schap (schappen)	shelf
achter	behind
zelf	yourself
de kassa (kassa's)	cash point
de zuivelafdeling	diary products
u loopt ... uit (uitlopen)	walk down (to walk down)
het gangpad (gangpaden)	aisle
helemaal (adv.)	all the way
extra	extra
belegen	matured
(extra) belegen kaas	(extra) matured cheese
plat(te)	flat
het probleem (problemen)	problem
geen probleem	no problem
de wasknijpers (de wasknijper)	clothes-pegs
de artikelen (het artikel)	goods
huishoudelijke artikelen	household goods
rechts	at the right
Notitie	
de zuivel	diary
de melkproducten (het melkproduct)	milk products
Notitie	
het koelvak (koelvakken)	refrigerated display
3C2	
de verkoopmedewerker (verkoopmedewerkers)	salesperson
de afdeling (afdelingen)	section
op zoek gaan naar	to look for
het gesprek (gesprekken)	conversation
een gesprek voeren	to have a conversation
3C3	
verschillende (verschillend)	different
3C4	
gezond (adv.)	healthy
3C4a	
de schijf (schijven)	diagram disc
de schijf van vijf	the five principle ingredients of a proper diet

gezond(e)	healthy	
veilig(e)	safe	
het verstand	mind	
gezond verstand	common sense	
bewuste (bewust)	conscious	
gevarieerd	varied	
te	too	
bewegen	to exercise	
het vet (vetten)	fat	
volop	a lot	
ga om met (omgaan met)	to deal with	
veilig (adv.)	safe	
de vakken (het vak)	sections	
gevarieerde (gevarieerd)	varied	
de maaltijden (de maaltijd)	meals	
klaarmaken	to prepare	
de adviezen (het advies)	advices	
het voedsel	food	
belangrijk	important	
het lichaam (lichamen)	body	
genoeg	enough	
de voedingsstoffen	nutrients	
meer dan genoeg	more than enough	
de rijst	rice	
de pasta	pasta	
de peulvruchten (de peulvrucht)	dried peas and beans	
het recept (recepten)	recipe	
de voeding	nutrition	
aanvullen met	to supplement with	
de olie	oil	
denken	to think	
weinig	little	
minder	less	
de vleesvervangers (de vleesvervanger)	meat substitutes	
de spijsvertering	digestion	
het vocht	liquid	
het minst(e)	minimum	
vergeten	to forget	
leven	to live	
vooral	especially	
blijven	to stay	
op gewicht blijven	to keep your weight in check	
het risico (risico's)	risk	
de ziektes (de ziekte)	diseases	
de diabetes	diabetes	
de kanker	cancer	
verzadigde(e)	saturated	
verzadigd vet	saturated fat	
3C5a		
het best(e)	best	
3C5b		
het meest(e)	most	
3C6		
het liefst(e)	prefer, preferably	
3C6a		
schrijf op (opschrijven)	write down (to write down)	
favoriete (favoriet)	favourite	
de lunch (lunches)	lunch	
het avondeten	dinner	
3C7a		
de leestekst (leesteksten)	text	
verbinden	to connect	
onderstrepen	to underline	

3C7b	
vanaf	starting from
3C7c	
wat valt op (opvallen)	what strikes you (to strike)
na	after
3C8	
cursist B maakt af (afmaken)	student B finishes (to finish)
3C9	
boodschappen doen	to do the shopping
de boodschappen (de boodschap)	groceries
het verjaardagsetentje (verjaardagsetentjes)	birthday dinner
enkele (enkel)	some
Uitdrukking	
Wat de boer niet kent, dat (vr)eet hij niet.	I won't have a go at that.
Overzicht	
de spelling	spelling
de vergelijking (vergelijkingen)	comparison

Hoofdstuk 4

Wat doe je zoal op een dag?	What does your usual day look like?

Deel A

's Morgens als ik opsta ...	In the morning when I wake up...
4A1	
bezig zijn met	to be doing something
schoonmaken (s.v.)	to clean
de wc (wc's)	toilet
de badkamer (badkamers)	bathroom
de ochtendgymnastiek	morning exercise
het ochtendhumeur	early morning mood
lunchen	to lunch
squashen	to play squash
Transcriptie	
dialoog 1	
het nachtje (nachtjes)	night
laat (adv.)	late
bij je	at your place
de schoonmaakbeurt (schoonmaakbeurten)	turn to clean
dank je	thank you
dialoog 2	
Wat ben je aan het doen?	What are you doing?
ochtendgymnastieken	to do morning exercises
actief (adv.)	active
laat me maar even	just leave me alone
op gang komen	to get going
zo meteen	right away
de douche (douches)	shower
een douche nemen	to take a shower
ontbijten	to have breakfast
dialoog 3	
voorbereiden	to prepare
hoezo?	why do you ask?
over een uurtje	in an hour
lesgeven (s.v.)	to teach
de sporthal (sporthallen)	sport centre
dialoog 4	
sporten	to do sports
nog steeds	still

het fitnesscentrum (fitnesscentrums/ fitnesscentra)	fitness centre
fitnessen	to work out
Doe jij iets aan sport?	What sport do you do?
tijd maken	to make time for
iets lekkers	something good
nooit	never
het webdesign	web design
4A2	
streep door (doorstrepen)	cross out (to cross out)
onjuist(e)	incorrect
televisiekijken (s.v.)	to watch television
hardlopen (s.v.)	to run
4A3	
Wat ga je doen?	What are you going to do?
douchen	to shower
het boek (boeken)	book
chatten	to chat
voetballen	to play football
Notitie	
aan de slag gaan	to get going
4A5a	
worden	to become
wakker worden	to wake up
poetsen	to brush
tanden poetsen	to brush your teeth
de tand (tanden)	tooth
de krant (kranten)	newspaper
het huishouden	housekeeping
het huishouden doen	to do the housekeeping
de ramen lappen	to clean the windows
de ramen (het raam)	windows
stofzuigen	to hoover
dweilen	to mop
hierna	after this
halen	to fetch
joggen	to jog
ten slotte	finally
het bed (bedden)	bed
naar bed gaan	to go to bed
de bladzijde (bladzijden/bladzijdes)	page
tegen middernacht	around midnight
4A5b	
de tijdstippen (het tijdstip)	time
4A6	
het verhaal (verhalen)	story
structureren	to structure
tot slot	finally
doordeweekse (doordeweeks)	during the week
ik blijf tot 8.00 uur liggen	I stay in bed until 8
liggen	to lie
4A7	
de inversie	inversion
4A7d	
afwassen (s.v.)	to do the dishes
slapen	to sleep
4A8	
de activiteiten (de activiteit)	activities
de film (films)	film
naar de film gaan	to go to the cinema
Uitdrukking	
Een bezig bijtje.	As busy as a bee.

Deel B

Smakelijk eten!	Enjoy your meal!

4B1	
wassen	to wash
de/het vuilnis	rubbish
buitenzetten (s.v.)	to put outside
de tuin (tuinen)	garden
in de tuin werken	to weed the garden
de afwasmachine (afwasmachines)	dishwasher
inruimen (s.v.)	to load
de afwasmachine inruimen	to load the dishwasher
de kamer (kamers)	room
opruimen (s.v.)	to clean up

Transcriptie	
de schat (de schatten)	darling
vervelend	to dislike ..., unpleasant
de papa (papa's)	father, dad
een keer	one time
omdat	because
thuiskomen (s.v.)	to come home
best (adv.)	pretty
best vaak	pretty often
jij **maakt schoon (schoonmaken)**	you clean (to clean)
hij **zet buiten (buitenzetten)**	he puts outside (to put outside)
de vuilniszakken (de vuilniszak)	rubbish bags
de tuin doen	to weed the garden
dat is waar	that's true
gelukkig (adv.)	luckily
ik ruim in (inruimen)	I load (to load)
lief	sweet
de bezigheid (bezigheden)	activity
hè	isn't it
zo'n	such a
de rommel	mess

4B2a	
thuis	(at) home

4B2b	
de bijzin (bijzinnen)	subsentence

Notitie	
de interpunctie	punctuation
verplicht	mandatory
hem	it

4B4	
bij u thuis	at your place
eigen	own
de taakverdeling	division of tasks
zo	like that
ik was af (afwassen)	I wash the dishes (to wash the dishes)

4B5a	
raden	to guess
de ingrediënten (het ingrediënt)	ingredients
de spliterwten (de spliterwt)	split peas
de varkensribbetjes (het varkensribbetje)	spare ribs
de preien (de prei)	leeks
de knolselderie	celeriac
de bereiding (bereidingen)	preparation
de pan (pannen)	pan
de ribbetjes (het ribbetje)	ribs
zachtjes (adv.)	softly
de ringen (de ring)	slices
constant (adv.)	constantly
roeren	to stir

aanbranden (s.v.)	to scorch	
verdelen	to divide	
de plakjes (het plakje)	slices	
doe terug (terugdoen)	put back (to put back)	
op smaak brengen met	to season with	
de peper	pepper	
4B5c		
een opdracht geven	to give an assignment	
de opdracht (opdrachten)	assignment	
de instructie (instructies)	instruction	
Notitie		
wees (zijn)	be (to be)	
wat	a little	
aardiger	nicer	
4B6		
bakken	to fry	
harder	faster	
Notitie		
zitten	to sit	
ga maar (even) zitten	to sit down (a while)	
onvriendelijk	unfriendly	
4B7		
de aardappelsalade	potato salad	
fruiten	to fry	
braden	to roast	
schillen	to peel	
raspen	to grate	
persen	to squeeze	
4B8a		
combineren	to combine	
brunchen	to brunch	
stevig(e)	hearty	
het beleg	(sandwich) filling	
en drinken er koffie of thee bij	and drink coffee or tea with it	
de kwark	soft-curd cheese	
zelfs	even	
helemaal niet	not at all	
de culturen (de cultuur)	cultures	
de lunch bestaat uit (bestaan uit)	lunch consists of (to consist of)	
vooraf	as a starter	
toe	for dessert	
het diner (diners)	dinner	
dineren	to dine	
chic	stylish	
heel af en toe	only once in a while	
de avondmaaltijd (avondmaaltijden)	dinner	
traditionele (traditioneel)	traditional	
tegenwoordig	nowadays	
zo nu en dan	now and then	
de taco's (de taco)	tacos	
de wraps (de wrap)	wraps	
zoals	such as	
4B8b		
de frequentiewoorden (het frequentiewoord)	frequency adverbs	
gebeuren	to happen	
4B10		
de eetgewoontes (de eetgewoonte)	eating habits	
koud(e)	cold	
typisch(e)	typical	
Uitdrukking		
Zo zout heb ik het nog nooit gegeten.	I've never seen something quite like that.	

Deel C

Wat zijn je hobby's?	What are your hobbies?

4C1

het sportprogramma (sportprogramma's)	television sport programme
het commentaar	commentary
Om welke sport gaat het?	Which sport do you hear?
gaan om	to be about
de deelnemers (de deelnemer)	contestants
de tijd (tijden)	time
onder	below

Transcriptie

de topsport (topsporten)	top sports
achtentwintigste	twenty-eighth
de editie (edities)	edition
de marathon (marathons)	marathon
de organisatie (organisaties)	organisation
hopen	to hope
razendsnelle (razendsnel)	super quick
het parcoursrecord (parcoursrecords)	lap record
moet uit de boeken	must be broken
bereiken	to achieve
sterkst(e)	best
het deelnemersveld	participants
ooit	ever
de organisatie heeft gecontracteerd (contracteren)	the organisation contracted (to contract)
maar liefst	as much as
de atleten (de atleet)	athletes
die	who
al eens	already
sneller	quicker
de atleten hebben gelopen (lopen)	athletes ran (to run)
op het spel staan	to be at stake
eventueel (adv.)	eventually
Olympische (Olympisch)	Olympic
de kwalificatie (kwalificaties)	qualification

4C2

het woordenboek (woordenboeken)	dictionary
het bord (borden)	blackboard
beoefenen	to do
een sport beoefenen	to do a sport
het voetbal	football
aan voetbal doen	to play football
het hockey	hockey
op hockey zitten	to play hockey
de tennisles (tennislessen)	tennis lessons
de voetbalclub (voetbalclubs)	football club
bij een club zitten	to be a member of a club
de hockeyclub	hockey club
lid van een club zijn	to be a member of a club
tennissen	to tennis
volleyballen	to volleyball
hockeyen	to hockey
trainen	to train
de wedstrijd (wedstrijden)	match
spelen	to play

4C3

zwemmen	to swim

4C4

het populairst(e)	most popular

Notitie

vrije (vrij)	free
vrije tijd hebben	to have spare time
aan het werk zijn	to be at work

4C5a

het diagram (diagrammen)	pie chart
besteden aan	to spend on
het mediagebruik	media
de muziek	music
naar muziek luisteren	to listen to music
computeren	to computer
de visite (visites)	visit
op visite gaan	to visit each other
de hobby's (de hobby)	hobbies
ruim (adv.)	more than
hun	their
onderweg	on their way
de fiets (fietsen)	bicycle
op de fiets	cycling
te voet	walking
openbaar (openbare)	public
het vervoer	transport
het openbaar vervoer	public transport
het vrijwilligerswerk	volunteer work
de zorg	taking care of
de religie (religies)	religion
de vrijetijdsbesteding	leisure activities
de media	media
sociale (sociaal)	social
de contacten (het contact)	contacts
de mobiliteit	transportation
uitgaan	to go out

Notitie

de metro (metro's)	underground

4C5b

de bioscoop (bioscopen)	cinema
naar de bioscoop gaan	to go to the cinema
het theater (theaters)	theatre
muziek maken	to play music
schaken	to play chess
dammen	to play draughts
kaarten	to play cards
msn'en	to chat
fotograferen	to photograph
reizen	to travel
de hond (honden)	dog
wandelen	to walk
de fietstocht (fietstochten)	bicycle ride
de spelletjes (het spelletje)	games
spelletjes doen	to play games
gamen	to game
bloggen	to blog

4C5c

u hebt aangekruist (aankruisen)	you marked (to mark)

4C6

de computerspelletjes (het computerspelletje)	computer games

4C7

de muziekinstrumenten (het muziekinstrument)	musical instrument

4C7a

de instrumenten (het instrument)	instruments
het orgel (orgels)	organ
de blokfluit (blokfluiten)	recorder

het drumstel (drumstellen)	drum set
de drums	drums
Notitie	
de stem (stemmen)	voice
de zang	singing
zingen	to sing
de zanger (zangers)	singer
de zangeres (zangeres)	female singer
populair(e)	popular
het lied (liederen)	song
4C8	
u **zou (zullen)**	you would like (would like)
de piano (piano's)	piano
je **zou (zullen)**	you would like (would like)
ik **zou (zullen)**	I would like (would like)
de gitaar (gitaren)	guitar
de viool (violen)	violin
4C9	
de aantekeningen (de aantekening)	notes
aantekeningen maken	to take notes
tijdens	while
het luisteren	listening
de versie (versies)	version
daarbij	with that
de muzikant (muzikanten)	musician
Nederlandstalige (Nederlandstalig)	Dutch
de covers (de cover)	cover songs
de liedjes (het liedje)	songs
de gitarist (gitaristen)	guitarist
de zangles (zanglessen)	singing lesson
de keyboardles (keyboardlessen)	keyboard lesson
de passie (passies)	passion
lever in (inleveren)	hand in (to hand in)
Transcriptie	
de band (bands)	band
die	that/which
de artiesten (de artiest)	artists
achtste	eighth
ontzettend (adv.)	really
beter(e)	better
het keyboard (keyboards)	keyboard
4C10	
absoluut (adv.)	absolutely
Uitdrukking	
Het is altijd hetzelfde liedje.	It always boils down to the same thing.
Uitspraak	
het zinsaccent (zinsaccenten)	sentence stress
bepalen	to determine

Hoofdstuk 5

Zullen we naar de stad gaan?	Let's go downtown.

Deel A

Is hier een bioscoop in de buurt? ...	Is there a cinema near to us?
5A1	
Mag ik u iets vragen?	Could I ask you something?
5A1a	
het station (stations)	station
ver weg	far away

Transcriptie

dialoog 1	
Weet u de weg naar …?	Could you tell me how to get to…?
makkelijk (adv.)	easy
vinden	to find
de stoplichten (het stoplicht)	traffic lights
oversteken (s.v.)	to cross the street
links	left
de eerste (straat) links	first (street) on the left
de meter (meters)	metre
aan uw rechterhand	at your right
naar links	to the left
aan de rechterkant	on the right
geen dank	you're welcome
het plezier	fun
veel plezier	have fun
dialoog 2	
op zoek zijn naar	to be looking for
de buurt (buurten)	neighbourhood
in de buurt	in the neighbourhood
Zijn jullie bekend hier?	Are you from here?
nog maar	only
Hoe kom ik bij …?	How do I get to…?
er is	there is
vlak bij	near
het winkelcentrum (winkelcentrums/ winkelcentra)	shopping centre
het zebrapad (zebrapaden)	pedestrian crossing
rechtsaf	to the right
rechtdoor	straight
rechtsaf gaan/rechtdoor gaan	to go right/to go straight
vanzelf	automatically
niets te danken	you're welcome
dialoog 3	
iets leuks	something nice
jippie	yeah
het idee (ideeën)	idea
goed idee	good idea
brengen	to take
linksaf	to the left
niets moeilijks aan hoor	not hard at all
wat anders	something else
meedenken	to think with me
pap	dad
graag gedaan	you're welcome

5A1b

tekenen	to draw
de route (routes)	route

5A2

(naar) de weg vragen	to ask directions

5A2a

de stadsschouwburg (stadsschouwburgen)	theatre
Mag ik wat vragen?	Excuse me, can I ask you something?
de weg wijzen	to give directions
het postkantoor (postkantoren)	post office
de bibliotheek (bibliotheken)	library
de VVV	tourist information
moderne (modern)	modern

Notitie

het informatiecentrum (informatiecentra/ informatiecentrums)	tourist information centre
het toerisme	tourism

de recreatie	recreation
de afkorting (afkortingen)	abbreviation
de vereniging (verenigingen)	association
het vreemdelingenverkeer	tourist industry
bedanken	to thank
5A2b	
het is geen moeite	no problem
5A3	
de kaart (kaarten)	map
5A4	
niks	nothing
niks moeilijks aan	nothing difficult about that
5A5	
de eerste links	first to your left
5A5a	
die	it
u rijdt de verkeerde kant op	you're driving in the wrong direction
rijden	to drive
verkeerde (verkeerd)	wrong
de kant (kanten)	direction
omkeren (s.v.)	to turn
de brug (bruggen)	bridge
u gaat de brug over (de brug overgaan)	you cross the bridge (to cross the bridge)
nemen	to take
de zijstraat (zijstraten)	side street
de rotonde (rotondes/rotonden)	roundabout
de afslag (afslagen)	junction
de richting (richtingen)	direction
in de richting van	in the direction of
het centrum (centrums/centra)	city centre
u rijdt door (doorrijden)	you drive (to drive)
tot aan	until
vijfde	fifth
het kruispunt (kruispunten)	crossing
linksaf slaan	to go left
nog geen kilometer	less than a kilometre
de kilometer (kilometers)	kilometre
5A5b	
alsmaar	whole time
de linkerkant	left side
5A5c	
De hoeveelste is het?	What day is it?
5A5d	
Hoever is het?	How far is it?
de hectometer (hectometers)	one hundred metres
de decameter (decameters)	ten metres
de decimeter (decimeters)	decimetre
de centimeter (centimeters)	centimetre
de millimeter (millimeters)	millimetre
5A6	
de voorbijganger (voorbijgangers)	passer-by
5A7	
op bezoek gaan bij	to visit
zij zijn verhuisd (verhuizen)	they moved (to move)
de plattegrond (plattegronden)	map
5A8	
het vervoermiddel (vervoermiddelen)	means of transportation
Transcriptie	
de trams (de tram)	trams
ik sta (staan)	I am in (to be in)
in de file staan	to be in a traffic jam
de file (files)	traffic jam

lopend	walking
het milieu	environment
bovendien	also
noord	north
het enkeltje (enkeltjes)	one way
het retourtje (retourtjes)	round-trip ticket
de intercity (intercity's)	intercity
het kasteel (kastelen)	castle
het water over	cross the water
U moet het water over.	You must cross the water.
de veerpont (veerponten)	ferryboat
met de veerpont	to take a ferry
het taxibedrijf (taxibedrijven)	taxi company
de taxi (taxi's)	taxi
de brommertjes (het brommertje)	mopeds
het lawaai	noise
lawaai maken	to make noise
de scooter (scooters)	motor scooter
ik **voel me (zich voelen)**	I feel (to feel)
jong (adv.)	young
Notitie	
de enkele reis	one way trip
het kaartje (kaartjes)	ticket
de heenreis	outward journey
de terugreis	journey back
5A8b	
de journalist (journalisten)	journalist
de brommer (brommers)	moped
de bus (bussen)	coach
het vliegtuig (vliegtuigen)	airplane
Transcriptie	
dialoog 2	
fietsen	to cycle
de trein nemen	to go by train
ik **stap uit (uitstappen)**	I get off (to get off)
de bus pakken	to go by coach
dialoog 3	
over de hele wereld	all over the world
goede reis	have a safe trip
dialoog 4	
de school (scholen)	school
5A10	
de toerist (toeristen)	tourist
een dagje uit	a day trip
u **komt aan (aankomen)**	you arrive (to arrive)
het Centraal Station	Central Station
u **staat (staan)**	you are standing (to stand)
de stadswallen (de stadswal)	town rampart
de boulevard (boulevards)	boulevard
de basiliek (basilieken)	Basilica
5A11	
voer uit (uitvoeren)	do (to do)
een opdracht uitvoeren	to do a task
Kopieerblad	
ophalen (s.v.)	to fetch
de buurvrouw (buurvrouwen)	neighbour (f)
de buurman (buurmannen)	neighbour (m)
de gymzaal (gymzalen)	gym
de hulp	help
om hulp vragen	to ask for help
Uitdrukking	
Naar de bekende weg vragen.	Ask for the sake of asking.

Deel B

Een dagje uit!	A day trip!
5B1	
de musical (musicals)	musical
5B1a	
de advertentie (advertenties)	advertisement
het geluk	luck
geluk hebben	to be lucky
in de omgeving	near to
de musicalliefhebbers (de musicalliefhebber)	musical lovers
genieten van	to enjoy
brandende (brandend)	burning
de liefde (de liefdes)	love
het is bewerkt (bewerken)	it is adapted (to be adapted)
bewerken tot	to be adapted into
door	by
gaan over	to be about
onmogelijke (onmogelijk)	impossible
de driehoeksrelatie (driehoeksrelaties)	triangular relationship
gepassioneerde (gepassioneerd)	passionate
de kunstenaar (kunstenaars)	artist
beeldschone (beeldschoon)	beautiful
de muze (muzen)	muse
de lerares (leraressen)	teacher (f)
de lerares Frans	French teacher
statig(e)	grand
reserveren	to reserve
verwachten	to expect
de liefhebbers (de liefhebber)	lovers
de kaarten (de kaart)	tickets
bestellen	to order
via	via
het internet	internet
schriftelijk (adv.)	in writing
telefonisch (adv.)	by phone
onze (ons)	our
de site (sites)	website
de aanvang	curtain up
de voorstelling (voorstellingen)	performance
bereikbaar	available
zowel ... als ...	both...and
de relatie (relaties)	relationship
de kunstenares (kunstenaressen)	artist (f)
de leraar (leraren)	teacher (m)
5B1b	
overdag	during the day
meevragen (s.v)	to ask to come with us
hen	them
een tijdje	some time
we **hebben gezien (zien)**	we have seen (to see)
de strips (de strip)	comic strips
een plezier doen (met)	to do a favour
het bezoek (bezoeken)	visit (to visit)
een bezoek aan	to visit
Nelleke **vertelde (vertellen)**	Nelleke told me (to tell)
me	me
zeker zijn van	to be sure
de plaatsen (de plaats)	seats
ik schenk in (inschenken)	I pour (to pour)
het glaasje (glaasjes)	glass
terwijl	while

5B1c	
nogmaals	one more time
5B1d	
hun	them
Notitie	
versus	versus
5B2	
een voorstel doen	to make a proposition
dat lijkt me leuk	I'd like that
niet zo'n zin hebben	do not feel like
Ik kan niet.	I cannot.
trakteren	to treat
aardig	nice
stappen	to go out
Waar gaan we heen?	Where are we going?
de opera (opera's)	opera
doe mij maar	I prefer
het uitje (uitjes)	day trip
positief (adv.)	positively
negatief (adv.)	negatively
5B3	
de reden (redenen)	reason
de voorwaarde (voorwaarden)	condition
de conditie (condities)	condition
de gelijktijdigheid	simultaneous situation
de afwas	dishes
de afwas doen	to do the dishes
gezellig (adv.)	enjoy
5B4a	
lekker (adv.)	nice
5B4b	
staan	to be written
5B5	
er zijn	there are
in totaal	in total
het balkon (balkons)	balcony
kosten	costs
per stuk	a piece
afhalen	to fetch
Transcriptie	
plaatsen reserveren	to reserve seats for
dat kan	that's possible
als het kan	If that is possible
nietwaar?	right?
de plaatsen zijn uitverkocht (uitverkopen)	the seats are fully booked (to be fully booked)
op woensdag dan maar	then we'll go on Wednesday
met z'n vieren	four of us
de zaal (zalen)	stalls
voorin	in the front
de rij (rijen)	row
de plaatsen **zijn gereserveerd (reserveren)**	seats are reserved (to be reserved)
vroeg	early
voordat	before
noteren	to note
ik heb genoteerd (noteren)	I made a note (to make a note)
5B6a	
de rat (ratten)	rat
driemaal	three times
van tevoren	before the show
fijn	great
tot uw dienst	you're welcome

5B6b	
de theatervoorstelling (theatervoorstellingen)	theatre performance
de bioscoopgids (bioscoopgidsen)	cinema guide
bespreken	to discuss
5B6c	
de medewerker (medewerkers)	employee
5B7a	
de schoolvakanties (de schoolvakantie)	school holidays
individuele (individueel)	individual
de entreeprijzen (de entreeprijs)	entrance fees
p.p. (= per persoon)	a piece
de volwassenen (de volwassene)	adults
de kinderen (het kind)	children
de senioren (de senior)	elderly
gratis	free
de zorginstellingen (de zorginstelling)	social care
min. (= minimaal)	minimum
de museumjaarkaart (museumjaarkaarten)	annual museum pass
Eerste Kerstdag	Christmas Day
Nieuwjaarsdag	New Years Day
rijd binnen (binnenrijden)	enter (to enter)
via	via
de borden (het bord)	signs
na	after
het viaduct (viaducten)	bridge
afslaan	to take
links/rechts afslaan	take a left/right
de singel (singels)	canal
de P-route (P-routes)	parking route
de parkeergarage (parkeergarages)	car park
parkeren	to park
het gebouw (gebouwen)	building
vervolgen	to continue
de lijn (lijnen)	line
lijn 15	bus 15
de halte (haltes/halten)	bus stop
uitstappen (s.v.)	to get off
tegenover	facing
onderstaand (onderstaande)	below
5B7b	
de herfstvakantie	fall break
het entreegeld	entrance fee
5B8	
winkelen	to shop
5B9	
het stripverhaal (stripverhalen)	comic strip
5B9a	
de strip (strips)	comic
de striphelden (de stripheld)	action heroes
één daarvan	one of them
getekend (tekenen)	drawn by (to draw)
Dirkjan-strip 1	
het schoolreisje (schoolreisjes)	school trip
getsie	yuck
de video (video's)	video
Dirkjan-strip 2	
een dagje Groningen doen	to visit Groningen for one day
hangen	to hang
originele (origineel)	original
de strook (stroken)	strip
lachen	to laugh

het scheepvaartmuseum (scheepvaartmusea/ scheepvaartmuseums)	Maritime museum	
zichzelf	himself	

5B9b

lege (leeg)	empty	
de tekstballonnen (de tekstballon)	balloon	

Uitdrukking

De bloemetjes buiten zetten.	Paint the town red.	

Deel C

Uitverkoop!	Sale!	

5C1

gelden	to be valid	
zolang de voorraad strekt	as long as stocks last	
zolang	as long as	
de voorraad (voorraden)	stock	
de overhemden (het overhemd)	shirts	
de kleuren (de kleur)	colours	
het wit	white	
het grijs	grey	
het blauw	blue	
de helft (helften)	half	
voor de helft van de prijs	at half price	
normaal (adv.)	normally	
de truien (de trui)	pullovers	
zeer (adv.)	very	
de kwaliteit	quality	
de wol	wool	
diverse (divers)	various	
het rood	red	
twee halen, één betalen	get two for the price of one	
de spijkerbroeken (de spijkerbroek)	jeans	
de merken (het merk)	brands	
de korting (kortingen)	discount	
te koop zijn	to be on sale	
hoeven	to have to	

Vocabulaire

het kleurenschema	colour scheme	
het zwart	black	
het turkoois	turquoise	
het geel	yellow	
het roze	pink	
het lila	lilac	
het paars	purple	
het oranje	orange	
het bruin	brown	
het bordeaux	burgundy	
het beige	beige	
het groen	green	
donker-	dark	
donkerblauw	dark blue	
licht-	light	
lichtblauw	light blue	
de kleding	clothes	
de blouse (blouses)	blouse	
de bloes (bloezen)	blouse	
de jurk (jurken)	dress	
het vest (vesten)	pullover	
de rok (rokken)	skirt	
de broek (broeken)	trousers	
de lange/korte broek	trousers/shorts	
de pantalon (pantalons)	trousers	

het topje (topjes)	tank top
het hemdje (hemdjes)	vest
het mantelpak (mantelpakken)	lady's two-piece suit
het T-shirt (T-shirts)	t-shirt
het jasje (jasjes)	jacket
het colbert (colberts)	jacket
het pak (pakken)	suit
het kostuum (kostuums)	suit
de stropdas (stropdassen)	tie
de vlinderstrik (vlinderstrikken)	bow tie
de jas (jassen)	overcoat
de das (dassen)	shawl
de sjaal (sjaals)	shawl
de handschoen (handschoenen)	glove
dragen	to wear
de mouwen (de mouw)	sleeves
lange/korte mouwen	long/short sleeves
ik heb … aan (aanhebben)	I'm wearing (to wear)
ik **trek … aan (aantrekken)**	I'm going to wear (to wear)
de maat (maten)	size
ik heb maat 42	I have size 42
hij **is gekleed (kleden)**	he is dressed (to dress)
gekleed zijn in	to be dressed in
tweedehands	second-hand
de kleren	clothes
goed staan	to look good
de broek staat je goed	you look good in those trousers
het hoofd (hoofden)	head
op je hoofd	on your head
de muts (mutsen)	knit cap
de pet (petten)	cap
de hoed (hoeden)	hat
de hoofddoek (hoofddoeken)	headscarf/hijab
ik heb … op (ophebben)	I am wearing (to wear)
ik doe … op (opdoen)	I am going to wear (to wear)
het ondergoed	underwear
de onderbroek (onderbroeken)	briefs
de slip (slips)	underpants
het hemd (hemden)	vest (undershirt)
de bh (bh's)	brassiere
de nachtkleding	nightwear
de pyjama (pyjama's)	pyjamas
de nachthemd (nachthemden)	nightdress
het nachtjapon (nachtjaponnen)	nightdress
de badkleding	swimsuit
de bikini (bikini's)	bikini
het badpak (badpakken)	bathing suit
de zwembroek (zwembroeken)	swimming trunks
de voeten (de voet)	feet
aan je voeten	on your feet
de benen (het been)	legs
de sok (sokken)	sock
de panty (panty's)	tights
de kous (kousen)	stocking
de schoenen (de schoen)	shoes
de laarzen (de laars)	boots
de gymschoenen (de gymschoen)	trainers
de sportschoenen (de sportschoen)	trainers
makkelijke (makkelijk)	easy
de hakken (de hak)	heels
hoge hakken	high heels
deze schoenen zitten lekker	these shoes fit well
passen	to fit
de laarzen passen goed	the boots fit well

5C2

de handen (de hand)	hands

5C3a

de potloden (het potlood)	pencils
van links	to the left

5C3b

het kledingstuk (kledingstukken)	clothing

5C4

de modeshow (modeshows)	fashion show

5C4a

de presentator (presentatoren)	host
beschrijven	to describe
de modellen (het model)	models

Transcriptie

welkom	welcome
de heren (de heer)	gentlemen
spetterende (spetterend)	sparkling
de trends (de trend)	trends
wensen	to wish
fantastische (fantastisch)	fantastic
de show (shows)	show
het jurkje (jurkjes)	dress
de Schotse ruit	tartan skirt
de strik (strikken)	bow
de kraag (kragen)	collar
de kleuraccenten (het kleuraccent)	colour accents
u ziet terug (terugzien)	you can see (to see)
grijze (grijs)	grey
gestreept (gestreepte)	striped
wijde (wijd)	wide
roze	pink
de stippen (de stip)	polka dots
terugkomen in (s.v.)	to come back in
de onderrok (onderrokken)	petticoat
tweedelig(e)	two-piece
een tweedelig pak	two-piece suit
sportieve (sportief)	leisure
perfect (adv.)	perfectly

5C4b

het motief (motieven)	pattern
de strepen (de streep)	stripes
met strepen	striped
geruit	checkered
gestippeld	polka dotted
gebloemd	flowered

5C4c

bedekken	to cover
ingevulde (ingevuld)	filled in (to fill in)

5C6

rondkijken (s.v.)	to look around
(goed) passen bij	to suit (well)

Transcriptie

geloven	to think
iets speciaals	something in particular
de gedachten (de gedachte)	thinking about
in gedachten hebben	to think about something
felle (fel)	bright
tenslotte	after all
het knalrood	bright red
de mode	fashion
in de mode zijn	to be in fashion
passen	to try on
de paskamers (de paskamer)	fitting room
achter	behind

het zal wel goed zijn	it will fit
ruilen	to exchange
vanwege	because of
de seizoensuitverkoop	seasonal clearance
boffen	to be lucky
Bof ik even!	Lucky me!
5C7	
de verkoper (verkopers)	salesperson
de verkoopster (verkoopsters)	saleslady
iets groens	something green
iets blauws	something blue
Dat is mooi!	That's good!
Heb ik even geluk!	Lucky me!
5C8	
de baby's (de baby)	babies
de peuters (de peuter)	toddlers
de kledingmaat (kledingmaten)	size
antwoorden	to answer
de schoenmaat (schoenmaten)	shoe size
5C9	
de aanwijzingen (de aanwijzing)	directions
de kledingwinkel (kledingwinkels)	clothes store
laten zien	to show
achterin	in the back
grotere (groter)	larger
5C10	
Kopieerblad	
Cursist A	
de herenkleding	men's fashion
t/m (= tot en met)	from...to
Cursist B	
de kinderkleding	children's clothing
de meisjeskleding	girls clothing
de jongenskleding	boys clothing
Uitdrukking	
Kleren maken de man.	Clothes make the man.
Uitspraak	
de klemtoon ligt vast (vastliggen)	Stress is fixed (to be fixed).
Overzicht	
het plein (pleinen)	town square

Hoofdstuk 6

Hoe zie je eruit?	What do you look like?
Deel A	
Mijn vader is een beetje dik ...	My father is a bit stout ...
6A1a	
Transcriptie	
binnenkort	soon
het feest (feesten)	party
niets	nothing
net	just
leren kennen	to get to know
mooi (adv.)	nicely
de ouders (de ouder)	parents
mijn ouders **zijn getrouwd (trouwen)**	my parents are married (to marry)
helemaal links	all the way to the left
naast	next to
zitten	to sit
blonde (blond)	blond

het haar	hair
de broer (broers)	brother
het nichtje (nichtjes)	niece
op schoot zitten (bij)	to sit on the lap (of)
het bloemenjurkje (bloemenjurkjes)	flowered dress
het broertje (broertjes)	little brother
het neefje (neefjes)	nephew
hij is net drie	he just turned three
bedoelen	to mean
de vrouw (vrouwen)	wife
het zoontje (zoontjes)	son
de schoonzus (schoonzussen)	sister-in-law
Indonesisch(e)	Indonesian
Indonesië	Indonesia
Hoe zit het met …	What about…
lange (lang)	tall
bruine (bruin)	brown
de haren (de haar)	hair
de vrijgezel (vrijgezellen)	bachelor
de zus (zussen)	sister
de zwager (zwagers)	brother-in-law
de arm (armen)	arm
op de arm	carrying in his arms
het schatje (schatjes)	darling
de krullen (de krul)	curls
Kenia	Kenya
mijn zus heeft ontmoet (ontmoeten)	my sister met (to meet)
ze waren (zijn)	they were (to be)
direct	immediately
smoorverliefd	fell in love
de nicht (nichten)	cousin
paarse (paars)	purple
Canada	Canada
de weduwe (weduwen/weduwes)	widow
de man (mannen)	husband
David is overleden (overlijden)	David died (to die)
wat erg	how sad
de oom (ooms)	uncle
de tante (tantes)	aunt
nieuwsgierig	curious
6A1b	
de familierelatie (familierelaties)	family relationships
de neef (de neven)	nephew
6A1c	
de kleinkinderen (het kleinkind)	grandchildren
de oma (oma's)	grandmother
ikzelf	myself
de grootouders (de grootouder)	grandparents
blij	happy
de kleinzoon (kleinzonen)	grandson
de kleindochter (kleindochters)	granddaughter
6A1d	
de stamboom (stambomen)	family tree
Notitie	
het gezin (gezinnen)	family
de grootmoeder (grootmoeders)	grandmother
de grootvader (grootvaders)	grandfather
6A2d	
horen bij	to belong to
de vriendin (vriendinnen)	girlfriend
de vriend (vrienden)	boyfriend
Notitie	
feliciteren	to congratulate

6A3		
het aantal (aantallen)	amount	
de familieleden (het familielid)	family members	
6A4a		
het strand (stranden)	beach	
op het strand	at the beach	
verwijzen naar	to refer to	
6A4b		
vervangen (door)	to substitute (with)	
beste (best)	dear	
jullie hebben gehad (hebben)	you have received (to receive)	
de uitnodiging (uitnodigingen)	invitation	
vieren	to celebrate	
35-jarig	35 years	
het huwelijksfeest (huwelijksfeesten)	anniversary	
hopelijk	hopefully	
droog	dry	
het is droog	it is dry	
buiten	outside	
op het feest	at the party	
ze zijn geweest (zijn)	they have been (to be)	
bruin worden	to tan	
het zonnen	to tan	
namelijk	namely	
het kookboek (kookboeken)	cookbook	
het zou leuk zijn	it would be nice	
leggen	to lay (down)	
liggen	to lie	
de stapel (stapels)	pile	
de herinnering (herinneringen)	memory	
de groetjes	greetings	
6A5		
de muzieklessen (de muziekles)	music lessons	
Zweden	Sweden	
het festival (festivals)	festival	
het park (parken)	park	
het cultureel centrum	cultural centre	
6A6a		
de beschrijvingen (beschrijving)	descriptions	
dun	thin	
slank	slim	
mollig	plump	
dik	fat	
halflang(e)	medium short	
donkerblond	dark blond	
krullend(e)	curly	
steil(e)	straight	
golvend(e)	wavy hair	
de ogen (het oog)	eyes	
klein	short	
gemiddelde (gemiddeld)	average	
de lengte (lengtes/lengten)	length	
de bril (brillen)	glasses	
knap	pretty	
middelbare (middelbaar)	middle	
van middelbare leeftijd	middle-aged	
ze ziet er ... uit (eruitzien)	she looks ... (to look)	
kaal	bald	
de snor (snorren)	moustache	
de baard (baarden)	beard	
de rimpels (de rimpel)	wrinkles	
lelijk	ugly	
lief (lieve)	sweet	
het jongetje (jongetjes)	little boy	

blanke (blank)	light
donkere (donker)	dark
de huid	skin
net als	just like
6A6b	
iemands	someone's
het uiterlijk	appearances
het postuur (posturen)	figure
het gezicht (gezichten)	face
de mening (meningen)	opinion
je mening geven	give your opinion
6A6c	
de dief (dieven)	thief
opeens	suddenly
stelen	to steal
de tas (tassen)	bag
gelukkig	fortunately
de politie	police
de politieagent (politieagenten)	policeman
6A6d	
de website (websites)	website
de compositietekening (compositietekeningen)	police sketch
sturen naar	to send to
6A8	
complimenteren	to compliment
het compliment (complimenten)	compliment
een compliment geven/krijgen	to give/to receive a compliment
6A8a	
Wat heb je mooie ogen!	You have beautiful eyes!
het rokje (rokjes)	skirt
fantastisch (adv.)	fantastic
Wat zit je haar mooi!	Your hair looks good!
nieuw (adv.)	new
6A8b	
nationale (nationaal)	national
de complimentendag	day of compliments
de tips (de tip)	tips
u hebt gekregen (krijgen)	you got (to get)
6A10	
de manier (manieren)	manner
6A11	
Over wie heb je het?	Who are you talking about?
het papier	paper
het vel papier	piece of paper
onderaan	at the bottom
neutrale (neutraal)	neutral
Uitdrukking	
Lelijk in de luier, mooi in de sluier.	An ugly duckling.

Deel B

Gefeliciteerd!	Congratulations!
6B1	
arriveren	to arrive
het huwelijk (huwelijken)	anniversary; wedding
Proficiat!	Congratulations!
Transcriptie	
gefeliciteerd (met)	congratulations (on)
de lieverd (lieverds)	darling
van harte gefeliciteerd	congratulations
charmante (charmant)	charming
de jongeman (jongemannen)	young man

6B2	
verlegen	shy
6B2a	
Transcriptie	
tjonge jonge	boy oh boy
laten	to leave
alleen	alone
niemand	no one
bang	afraid
aanwijzen (s.v.)	to point out
de hoek (hoeken)	corner
in de hoek	in the corner
nerveuze (nerveus)	nervous
de sigaret (sigaretten)	cigarette
da's (= dat is)	that's
hard (adv.)	hard
hij werkt hard	he works hard
druk (adv.)	busy
het druk hebben	to be busy
verdrietig (adv.)	sad
herkennen	to recognize
triest (adv.)	sad
ik **heb verteld (vertellen)**	I told you (to tell)
boze (boos)	angry
verbaasd	surprised
kwaad (adv.)	angry
hij **verveelt zich (zich vervelen)**	he is bored (to be bored)
6B2b	
de emoties (de emotie)	emotions
ontspannen	relaxed
teleurgesteld	disappointed
zenuwachtig	nervous
ontroerd	touched
verveeld	bored
6B2c	
u **voelt zich (zich voelen)**	you feel (to feel)
winnen	to win
de loterij (loterijen)	lottery
de fouten (de fout)	mistakes
de olifant (olifanten)	elephant
huilen	to cry
weg zijn	to be gone
romantische (romantisch)	romantic
de tv (tv's)	TV
op (de) tv	on TV
de presentatie (presentaties)	presentation
een presentatie houden	to give a presentation
de boa constrictor (boa constrictors)	boa contrictor
kwijt zijn	to lose
parachutespringen	to jump parachute
in de zon	in the sun
6B2d	
de mensen **voelen zich (zich voelen)**	the people feel (to feel)
6B2e	
cursist A beeldt uit (uitbeelden)	student A acts out (to act out)
benoemen	to name
6B3a	
er is iets gebeurd (gebeuren)	something happened (to happen)
Wat is er gebeurd met ...?	What happened to...?
de ruzie (ruzies)	argument
ruzie hebben	to argue
ziek	ill
ziek zijn	to be ill

Transcriptie	
gecondoleerd (met)	condolances (with)
het overlijden	death
het kaartje (kaartjes)	card, postcard
wensen	to wish
ik wens je sterkte	I'm sorry for your loss
oneerlijk (adv.)	unfair
lief (adv.)	sweet
6B3b	
condoleren	to condole
6B3d	
Beterschap!	Get well soon!
de reis (reizen)	trip
Van harte!	Congratulations!
Veel plezier!	Have fun!
Veel succes!	Good luck!
Wat erg voor je!	I'm so sorry!
Wat jammer!	What a pity!
de chef (chefs)	boss
dood zijn	to be dead
de baan (banen)	job
ontslagen	fired
het rijexamen (rijexamens)	driving test
de onvoldoende (onvoldoendes)	failing mark
de baas (bazen)	boss
een vrije dag	day off
6B4	
de toekomst	future
de gebeurtenissen (de gebeurtenis)	events
de gebeurtenissen **vinden plaats (plaatsvinden)**	the events happen (to happen)
het heden	present
het verleden	past
de tijdsaanduiding (tijdsaanduidingen)	specification of time
Notitie	
de minister (ministers)	minister
een presentatie geven	to give a presentation
ik kom op bezoek (op bezoek komen)	I will visit (to visit)
het taalgebruik	language usage
in de krant	in the newspaper
de televisie (televisies)	television
dagelijks(e)	daily
6B5	
(naar) beneden	face down
de wens (wensen)	wish
trouwen	to marry
6B6a	
een stukje doen	to do a sketch
Transcriptie	
jullie wassen af (afwassen)	you wash the dishes (to wash the dishes)
de champagne	champagne
emigreren	to emigrate
jullie denken na over (nadenken over)	you think about (to think about)
we slaan over (overslaan)	we will skip (to skip)
we schieten op (opschieten)	we are going fast (to go fast)
jullie maken uit (uitmaken)	you break up (to break up)
de salsa	salsa
regelmatig (adv.)	regularly
zoveel	so many
de huwelijksreis (huwelijksreizen)	honeymoon
op huwelijksreis gaan	to go on a honeymoon
Griekenland	Greece
de yoga	yoga

mamma staat op (opstaan)	mother wakes up (to wake up)
het zwembad (zwembaden)	swimming pool
jullie stappen in (instappen)	you get into (to get into)
6B6c	
oorspronkelijk(e)	original
6B6e	
los (staan)	to be separate
aan elkaar (staan)	to be next to each other
6B7	
de wenskaart (wenskaarten)	card
6B7a	
de kaart (kaarten)	postcard
jullie **voelen je thuis (zich thuis voelen)**	you feel at home (to feel at home)
hartelijke (hartelijk)	sincere
hartelijke groet(en)	sincerely
het rijbewijs (rijbewijzen)	driving licence
lenen	to borrow
oefenen	to practice
Notitie	
de aanhef	salutation
de afsluiting	complimentary closing
liefs	kind regards
de kus (kussen)	kiss
6B7b	
werk samen met (samenwerken met)	work together with (to work together with)
de buren (de buur)	neighbours
6B8a	
de memo (memo's)	memo
het postvak (postvakken)	pigeon-hole
de directie (directies)	management
verplichte (verplicht)	obligatory
komende (komend)	coming
het bedrijf (bedrijven)	company
nieuwjaarsdag	New Year's Day
1e/2e paasdag	Easter Sunday, Easter Monday
Koninginnedag	Queen's Day
Bevrijdingsdag	Liberation Day
Hemelvaartsdag	Ascension Thursday
1e/2e pinksterdag	Whitsun
hiermee	with this information
voldoende (adv.)	sufficiently
wij hebben geïnformeerd (informeren)	We have informed (to inform)
mocht (mogen)	should
contact opnemen met	to contact
het secretariaat (secretariaten)	Secretary Desk
met vriendelijke groet(en)	kind regards
de directeur (directeuren/directeurs)	director
6B8b	
religieuze (religieus)	religious
de gewoontes (de gewoonte)	customs
6B8c	
Transcriptie	
het vuurwerk	firework
Oud en Nieuw	New Year's Eve
de oliebollen (de oliebol)	oil dumplings
de appelflappen (de appelflap)	apple dumplings
Pasen	Easter
de oorsprong	origin
van oorsprong	originally
vallen op	to fall on
de Christenen (de Christen)	Christians
Jezus is opgestaan (opstaan)	Jesus has risen (to rise)

de dood	death
landelijke (landelijk)	national
de vrijmarkt (vrijmarkten)	flea market
de rommelmarkten (de rommelmarkt)	flea market
de vrijheid (vrijheden)	freedom
de Tweede Wereldoorlog	Second World War
Sinterklaas	Sint Nicholas
tot een jaar of zes	until 6 years of age
bestaan	to exist
de cadeautjes (het cadeautje)	presents
de Zwarte Piet (Zwarte Pieten)	*Black Peter*
de sinterklaasavond (sinterklaasavonden)	Saint Nicholas' Eve
de kerstboom (kerstbomen)	Christmas tree
onder de kerstboom	under the Christmas tree
uitgebreid (adv.)	extensively

6B8d

belangrijke (belangrijk)	important
vrij zijn	to have a day off

Uitdrukking

Als Pasen en Pinksteren op één dag vallen.	Never in a month of Sundays.

Deel C

Ik zoek een lieve man! — I'm looking for a good husband!

6C1

de karaktereigenschappen (de karaktereigenschap)	character traits

6C1a

optimistisch(e)	optimistic
pessimistisch(e)	pessimistic
introvert(e)	introvert
extravert(e)	extrovert
humoristisch(e)	humorous
arrogant(e)	arrogant

6C1c

de eigenschappen (de eigenschap)	traits

6C2a

surfen	to surf
het forum (forums/fora)	message board
de schrijvers (de schrijver)	writers
positieve (positief)	positive
negatieve (negatief)	negative
het vraagje (de vraagjes)	question
eerlijk(e)	honest
spontaan (spontane)	spontaneous
slechte (slecht)	bad
eigenwijs (eigenwijze)	stubborn
agressief (agressieve)	aggressive
gevoelig(e)	sensitive
behulpzaam (behulpzame)	helpful
je kan bij mij terecht (terechtkunnen bij)	you can count on me (to count on)
hard(e)	tough
ongeduldig(e)	impatient
sympathiek(e)	sympathetic
geef uit (uitgeven)	spend (to spend)
lui(e)	lazy
betrouwbaar(betrouwbare)	reliable
vertrouwen	to trust
snel (adv.)	quickly
perfectionistisch(e)	perfectionist
koppig(e)	stubborn

het gat (gaten)	hole
een gat in zijn/haar hand hebben	he/she has a hole in his/her pocket
egoïstisch(e)	egoistic
overgevoelig(e)	oversensitive
6C2b	
uzelf	yourself
6C3	
de persoonlijkheidstest (persoonlijkheidstesten)	personality quiz
6C3a	
de vragenlijst (vragenlijsten)	list of questions
veelgebruikte (veelgebruikt)	often used
de test (tests/testen)	test
onrustig	restless
kalm	calm
de dromer (dromers)	dreamer
no-nonsense	no-nonsense
beleefd	polite
kortaf	abrupt
rommelig	messy
voorzichtig	careful
zeker van zichzelf	self-confident
theoretisch	theoretical
praktisch	practical
gul	generous
besluitvaardig	decisive
de opties (de optie)	options
open laten	to leave open
ontmoedigd	discouraged
vrolijk	happy
een open boek	an open book
gesloten	reserved
de creativiteit	creativity
de leidraad	guideline
de autoriteit (autoriteiten)	authority
warm	warm-hearted
koud	cold-hearted
doelgericht	purposeful
makkelijk af te leiden	easily distracted
afleiden (s.v.)	to distract
lak hebben aan	couldn't care less
vlot	easy-mannered
de omgang	manner
... in de omgang zijn	... to get along with
gereserveerd	aloof
het nieuwe	what is new
het bekende	what is known
de teamspeler (teamspelers)	team player
onafhankelijk	independent
de orde	order
op zijn/haar gemak zijn(bij)	to feel at ease (with)
de wanorde	chaos
van slag zijn	to be upset
onverstoorbaar	unperturbable
de prater (praters)	talker
de denker (denkers)	thinker
de vaagheid (vaagheden)	vagueness
verkiezen	to choose
de duidelijkheid (duidelijkheden)	clarity
het vertrouwen	trust
vol vertrouwen	to fully trust
sceptisch	sceptical
stelt uit (uitstellen)	to postpone
de zaken (de zaak)	matters

6C3b

klikken (op)	to click (on)
het resultaat (resultaten)	result
printen	to print

6C4a

Transcriptie

o jee	oh boy
ach	gee
eigenwijze (eigenwijs)	stubborn
de vent	guy
het is uit	it's over
stoppen	to stop
ermee	with it
menen	to mean
serieus (adv.)	seriously
geduldig	patient
ik word er gek van	it drives me crazy
de aan-uitrelatie (aan-uitrelaties)	on and off relationship
depressief	depressed
blij	glad
gek hè	strange isn't it
voel je je (zich voelen)	you feel (to feel)
opgelucht (adv.)	relieved
iemand anders	someone else
opnieuw	again
internetdaten	internet dating
Dat meen je niet!	You're kidding!
Echt waar?	Really?
op internet staan	to be on internet
precies (adv.)	exactly
zoeken	to look for
grappig	funny
kom langs (langskomen)	visit (to visit)
de droomman (droommannen)	man of my dreams

6C4b

uitmaken	to break up
de relatie uitmaken	to break up the relationship
het uitmaken	to break up
veranderen	to change
rijk	rich
slim	smart
Nathalie en Leen spreken af (afspreken)	Nathalie and Leen meet up (to meet up)
het internetcafé (internetcafés)	internet café

6C4c

ideale (ideaal)	ideal
de partner (partners)	partner
het karakter (karakters)	personality

6C4d

de kenmerken (het kenmerk)	features
klassikale (klassikaal)	classical

6C5a

Transcriptie

kom binnen (binnenkomen)	come in (to come in)
de pen (pennen)	pen
de datingsites (de datingsite)	dating sites
daten	to date
betaalde (betaald)	paid
ik heb uitgezocht (uitzoeken)	I chose (to choose)
stom (adv.)	stupid
de zomerjurk (zomerjurken)	summer dress
vrolijk (adv.)	happy

6C5b	
adviseren	to advise
6C6	
de contactadvertenties (de contactadvertentie)	personal ad
6C6a	
de communicatietrainer (communicatietrainers)	communications trainer
het opleidingsniveau (opleidingsniveaus)	level of education
het wo (wetenschappelijk onderwijs)	university education
burgerlijke (burgerlijk)	citizen
de burgerlijke staat	marital status
single	single
de kinderwens	child wish
roken	to smoke
de sigaren (de sigaar)	cigars
het communicatiebureau (communicatiebureaus)	communications consultancy
intelligente (intelligent)	intelligent
opbouwen	to build
om iets mee op te bouwen	to build something with
om iets af te spreken	to arrange a meeting
mailen	to email
het hapje (hapjes)	bite
een hapje eten	to eat a bite
het biertje (biertjes)	beer
de automonteur (automonteurs)	car mechanic
het mbo (middelbaar beroepsonderwijs)	middle level vocational education
gescheiden	divorced
rustige (rustig)	calm
spontane (spontaan)	spontaneous
zorgzame (zorgzaam)	caring
met z'n tweetjes	the two of us
de middelbare school	secondary education
het hbo (hoger beroepsonderwijs)	higher vocational education
salsadansen	to dance salsa
open	open
de mond (monden)	mouth
het hartje (hartjes)	heart
ongecompliceerde (ongecompliceerd)	uncomplicated
de meid (meiden)	girl
schilderen	to paint
onafhankelijke (onafhankelijk)	independent
zelfstandige (zelfstandig)	independent
de latrelatie (latrelaties)	living apart together
de gezelligheid	cosiness
Notitie	
het basisonderwijs	elementary school
de leerlingen (de leerling)	students
het middelbaar onderwijs	secondary school
max. (= maximaal)	maximum
het niveau (niveaus)	level
het vmbo (voorbereidend middelbaar beroepsonderwijs)	pre-vocational secondary education
de havo (hoger algemeen voortgezet onderwijs)	senior general secondary education
het vwo (voorbereidend wetenschappelijk onderwijs)	pre-university education
het atheneum (atheneums/athenea)	atheneum
het gymnasium (gymnasiums/gymnasia)	gymnasium
praktische (praktisch)	vocational
de opleiding tot ...	education for ...
de kapster (kapsters)	hairdresser
de verpleegkundige (verpleegkundigen)	nurse

wetenschappelijk(e)	academic
het onderwijs	education
academische (academisch)	academic
universitaire (universitair)	university
de socioloog (sociologen)	sociologist
de psycholoog (psychologen)	psychologist

6C6b

Transcriptie

de kleur **maakt (niet) uit (uitmaken)**	the colour (does not) make(s) a difference (to make a difference)
het verschil (verschillen)	difference
de universiteit (universiteiten)	university
tja	well
gevaarlijke (gevaarlijk)	dangerous
het bergbeklimmen	mountain climbing
ie (= hij)	he
als hij **uitgaat (uitgaan)**	when he goes partying
de disco (disco's)	disco
de hekel	to hate
een hekel hebben aan	to hate
duidelijk	clear
serieuze (serieus)	serious
de stiefmoeder (stiefmoeders)	stepmother

6C8a

de tafeltjes (het tafeltje)	tables
het baby'tje (baby'tjes)	baby
schattig	cute
de kindjes (het kindje)	children
de schoentjes (het schoentje)	shoes

6C9

de relatievormen (de relatievorm)	types of relationships
het co-ouderschap	co-parenting
de halfbroer (halfbroers)	stepbrother
verloofd	engaged
ze **zijn gescheiden (scheiden)**	they are divorced (to divorce)
apart (adv.)	separately
de ex-man (ex-mannen)	ex-husband
de ex-vrouw (ex-vrouwen)	ex-wife
samenwonen	to live together

Notitie

delen	to share
de opvoeding	education
de beslissingen (de beslissing)	decisions
een beslissing nemen	to make a decision
afwisselend (adv.)	alternately
de ene ... de andere ...	one ... the other ...
de co-ouderschapsregeling (co-ouderschapsregelingen)	co-parenting settlement
aangaan	to enter into
een regeling aangaan	to enter into a settlement

6C10

het raadsel (raadsels)	riddle
oplossen	to solve
de erfenis (erfenissen)	inheritance
de erfenis **bedroeg (bedragen)**	the inheritance amounted to (to amount to)
hij liet na (nalaten)	he left behind (to leave behind)
met behulp van	with the help of
erachter komen	to discover
evenveel (als)	the same amount (as)
meer dan	more than

Uitdrukking

Huisje, boompje, beestje.	*suburban bliss*

Uitspraak	
het ritme (ritmes/ritmen)	rhythm
de woorddelen (het woorddeel)	syllables
benadrukken	to emphasise
daardoor	with that
specifiek (specifieke)	specific
Overzicht	
splitsen	to split up
Pinksteren	Whitsun
afsluiten	to close

Hoofdstuk 7

Voel je je niet goed?	Are you feeling all right?

Deel A

Ik voel me niet lekker!	I don't feel well.
7A1a	
de pijn	pain
pijn hebben	to feel pain
de koorts	fever
de diarree	diarrhea
Transcriptie	
opstaan (s.v.)	to get out of bed
ontzettende (ontzettend)	really
last hebben van	to be bothered
de buik (buiken)	stomach
de rug (ruggen)	back
overal	everywhere
de dokter (dokters)	doctor
zeker weten	to be sure
je stelt je aan (zich aanstellen)	you are acting childishly (to act childlishly)
toevallig (adv.)	coincidentally
de toets (toetsen)	test
de buikpijn	stomach ache
volgens	according to
het koud/warm hebben	to be cold/warm
ik **had (hebben)**	I had (to have)
de thermometer (thermometers)	thermometre
de graden (de graad)	degrees
flinke (flink)	considerable
de buikgriep	stomach flu
de paracetamol	paracetamol
de huisarts (huisartsen)	General Practitioner (GP)
7A1b	
ze **is gevallen (vallen)**	she fell (to fall)
van de trap vallen	to fall down the stairs
de trap (trappen)	stairs
de vinger (vingers)	finger
haar vinger is gebroken (breken)	her finger is broken (to break)
Transcriptie	
au	ouch
ik **werd (worden)**	I became (to become)
plotseling (adv.)	suddenly
duizelig	dizzy
toen	then
aflopen (s.v.)	to walk down
de trap aflopen	to walk down the stairs
het **doet (zo'n) pijn (pijn doen)**	it hurts (a lot) (to hurt)
de eerste hulp	medical centre
het ziekenhuis (ziekenhuizen)	hospital
gekneusd	contused

als ik jou was	if I were you
hij kan (kunnen)	he can
de zekerheid (zekerheden)	sure
voor de zekerheid	to make sure
7A1c	
misselijk	nauseous
overgeven (s.v.)	to throw up
Transcriptie	
het voorhoofd (voorhoofden)	forehead
beroerd	miserable
hoe lang?	how long?
ik voelde me (zich voelen)	I felt (to feel)
heb je gegeten (eten)	you have eaten (to eat)
wacht eens	wait a minute
het zal toch niet	could it be
niet echt	not really
ophebben (s.v.)	to eat
Uit de weg!	Out of my way!
7A2a	
gekneusde (gekneusd)	contused
de griep	flu
ik ben verkouden (verkouden zijn)	I have a cold (to have a cold)
7A2b	
ontbrekende (ontbrekend)	missing
de lichaamsdelen (het lichaamsdeel)	bodyparts
de schouder (schouders)	shoulder
het oor (oren)	ear
de neus (neuzen)	nose
de billen (de bil)	rear end
de knie (knieën)	knee
het been (benen)	leg
de teen (tenen)	toe
7A3a	
Transcriptie	
allerlei	various
de klachten (de klacht)	complaints
doorverwijzen (s.v.)	to refer to
de specialisten (de specialist)	specialists
de chirurg (chirurgen)	surgeon
opereren	to operate
zwaar (zware)	heavy
beter maken	to cure
de fysiotherapeute (fysiotherapeutes)	physiotherapist
de praktijk (praktijken)	private practice
verzorgen	to take care of
de sportblessures (de sportblessure)	sports injury
de patiënten (de patiënt)	patients
masseren	to massage
oefeningen doen	to do exercises
de oogarts (oogartsen)	eye doctor
bang zijn voor	to be afraid of
(niet) nodig zijn	to be (not) necessary
de apparatuur	equipment
verdoven	to anaesthesize
de acupuncturist (acupuncturisten)	acupuncturist
de acupunctuur	acupuncture
de verloskundige (verloskundigen)	midwife
zwangere (zwanger)	pregnant
begeleiden	to accompany
de zwangerschap (zwangerschappen)	pregnancy
groeien	to grow
7A3b	
de fysiotherapeut (fysiotherapeuten)	physiotherapist

7A4a	
aankleden (s.v.)	to dress
de kapper (kappers)	hairdresser
scheren	to shave
ze wast zich (zich wassen)	she washes herself (to wash yourself)
hij scheert zich (zich scheren)	he shaves himself (to shave yourself)
7A4b	
ik haast me (zich haasten)	I hurry (to hurry)
Ik moet me haasten.	I have to hurry.
ik verveel me (zich vervelen)	I am bored (to be bored)
Notitie	
ik kleed me aan (zich aankleden)	I am dressing (to dress)
ik herinner me (zich herinneren)	I remember (to remember)
de schooltijd	schooldays
hij haast zich (zich haasten)	he is hurrying (to hurry)
7A4d	
in het ziekenhuis liggen	to be in hospital
de titel (titels)	title
7A5	
Cursist A wijst aan (aanwijzen)	student A points out (to point out)
de plek (plekken)	place
7A6a	
ik heb gevraagd (vragen)	I asked (to ask)
de trainer (trainers)	trainer
de trainer heeft gezegd (zeggen)	the trainer said (to say)
ik heb getroost (troosten)	I comforted (to comfort)
ik heb getrakteerd (op) (trakteren (op))	I treated (with) (to treat (with))
het ijsje (ijsjes)	ice cream
Marieke heeft geluisterd (luisteren)	Marieke listened (to listen)
zij is naar huis gefietst (naar huis fietsen)	she cycled home (to cycle home)
dat heeft gemaakt (maken)	that made (to make)
de kneuzing (kneuzingen)	contusion
ik heb gezet (zetten)	I put in (to put in)
ik heb gebeld (bellen)	I called (to call)
Marieke heeft gehuild (huilen)	Marieke cried (to cry)
de boosheid	anger
de dokter heeft gewikkeld (wikkelen)	the doctor bandaged (to bandage)
het drukverband	pressure bandage
om	around
de training (trainingen)	sports training
zij heeft gekneusd (kneuzen)	she bruised (to bruise)
ik heb gepraat (praten)	I talked to (to talk)
ernstig (adv.)	seriously
iets ergs	something terrible
mijn dochter heeft gevoetbald (voetballen)	my daughter played football (to play football)
7A6c	
de stam	verbal stem
7A6d	
de uitgang (uitgangen)	verbal ending
Notitie	
het ezelsbruggetje (ezelsbruggetjes)	mnemomic device
zorgen voor	to provide for
eenzelfde	the same
Notitie	
ik heb geleefd (leven)	I lived (to live)
7A6e	
beven	to shiver
faxen	to fax
Notitie	
ik heb gedaan (doen)	I did (to do)
ik heb gekeken (kijken)	I looked (to look)

ik **heb gekocht (kopen)**	I bought (to buy)
ik **heb gedacht (denken)**	I thought (to think)
ik **heb geschreven (schrijven)**	I wrote (to write)
ik **heb geholpen (helpen)**	I helped (to help)
ik **ben gegaan (gaan)**	I went (to go)
ik **ben gekomen (komen)**	I came (to come)
ik **ben gebleven (blijven)**	I stayed (to stay)
ik **ben geworden (worden)**	I became (to become)
ik **ben begonnen (beginnen)**	I started (to start)
leren	to learn
het grammaticaoverzicht	grammar synopsis

7A7

hierbij	with this

7A8

ik **heb gestudeerd (studeren)**	I studied (to study)
vorige (vorig)	last
vorige week (maandag)	last week (on Monday)
ik **heb gewerkt (werken)**	I worked (to work)

Uitdrukking

Zo gezond als een vis zijn.	To be as fit as a fiddle.

Deel B

Bij de dokter	A visit to the doctor

7B1a

de verzekering (verzekeringen)	insurance
u **hebt geslikt (slikken)**	you have to take (to take)
de assistente (assistentes)	medical assistant

Transcriptie

mevr. (= mevrouw)	Mrs.
hoge (hoog)	high
hoge koorts	high fever
heersen	to rule
dat heerst heel erg	there's a lot (of flu) about
in bed stoppen	to put in bed
ik **heb gegeven (geven)**	I gave (to give)
(niets) helpt	(nothing) helps
dat helpt niets	that doesn't help
ik **heb opgenomen (opnemen)**	I measured (to measure)
de temperatuur (temperaturen)	temperature
de temperatuur opnemen	to take the temperature
aan de hand zijn	something is wrong
er is iets aan de hand	there is something wrong

7B1b

de keelontsteking	laryngitis
de medicijnen (het medicijn)	medicine
beter worden	to get well
het antibioticum (antibiotica)	antibiotic
het recept (recepten)	prescription
de apotheek (apotheken)	chemist

Transcriptie

de keelpijn	sore throat
dat is niet zo mooi	that doesn't look good
in ieder geval	in any case
vreemd	strange
uitzieken (s.v.)	to fully recover
vertroetelen	to spoil
de rust	rest
rust nemen	to take a rest
rustig (adv.)	take it easy
gerust (adv.)	set your mind at rest
(geen) kwaad kunnen	can(not) hurt
de keel (kelen)	throat
opendoen (s.v.)	to open

zeg eens aaa	say ahh
oei	oops
Kunt u daar iets aan doen?	Can you do something about that?
de kuur (kuren)	antibiotic prescription
alweer	again
klaarliggen (s.v.)	to be waiting for you
(goed) uitrusten (s.v.)	to rest a lot
snel weer op de been zijn	to recover quickly
7B1c	
de pillen (de pil)	pills
innemen (s.v.)	to take
de bijsluiter (bijsluiters)	patient information leaflet
de rekening (rekeningen)	bill
Transcriptie	
als het goed is	if everything went well
de huisarts heeft doorgemaild (doormailen)	the GP mailed to you (to mail)
de tabletten (het/de tablet)	tablets
doorlezen (s.v.)	to read
daarin	in it
het gebruik (van)	usage (of)
de bijwerkingen (de bijwerking)	side effects
het middel (middelen)	medicine
rechtstreeks	directly
de verzekeringsmaatschappij (verzekeringsmaatschappijen)	insurance company
Notitie	
zouden (zullen)	should
moe	tired
het verjaardagsfeest (verjaardagsfeesten)	birthday party
uitslapen (s.v.)	to have a lie-in
7B2	
advies vragen/geven	to ask/give advice
de hoofdpijn	headache
rust houden	to rest a lot
de pijnstillers (de pijnstiller)	painkillers
je mag (mogen)	you are allowed
het beste ermee	good luck
7B3	
pijn doen	to hurt
mijn knie doet pijn	my knee hurts
7B4	
Kopieerblad	
bezorgd	to be worried
u hebt geluncht (lunchen)	you had lunch (to have lunch)
de schoonouders (de schoonouder)	parents-in-law
thuisblijven (s.v.)	to stay at home
het volgende	the following
7B5	
de bijsluiter	patient information leaflet
de kinderbijsluiters (kinderbijsluiters)	child-friendly patient information leaflets
het geneesmiddel (geneesmiddelen)	medicine
begrijpelijke (begrijpelijk)	understandable
uitleggen (s.v.)	to explain
eenvoudig	simple
de fabrikant (fabrikanten)	manufacturer
voorlezen (s.v.)	to read out loud
de lay-out	page layout
speciaal (adv.)	especially
de illustraties (de illustratie)	drawings
de ontsteking (ontstekingen)	infection
erge (erg)	terrible
de oorpijn	earache

de oorontsteking (oorontstekingen)	inflammation of the ear
je hebt gehoord (horen)	you have heard (to hear)
vast (adv.)	surely
voorkomen (s.v.)	to occur
de longontsteking (longontstekingen)	pneumonia
hoesten	to cough
ademhalen (s.v.)	to breathe
ontstoken	infected
de blaas	bladder
plassen	to urinate
zeer doen	to hurt
jeuken	to itch
de bacteriën (de bacterie)	bacterias
de ziekmakers (de ziekmaker)	cause of the illness
sterk	strong
wegjagen (s.v.)	to chase away
lukken	to succeed
vechten (tegen)	to fight (against)
overgaan	to stop
de sticker (stickers)	sticker
slechte bacteriën worden weggejaagd	bad bacteria are chased away
opmaken (s.v.)	to finish
de jeuk	itch
de vlekken (de vlek)	stains
dichtknijpen (s.v.)	to squeeze shut
je hebt genomen (nemen)	you have taken (to take)
de limonade	lemonade
wegspoelen (s.v.)	to wash down
het warm krijgen van	to feel warm
heb jij gelezen (lezen)	you have read (to read)
daartegen	against that
de puzzel (puzzels)	puzzle
de oplossing (oplossingen)	solution
boven	top
van boven naar beneden	from top to bottom
gekleurde (gekleurd)	coloured
de medicijnflesjes (het medicijnflesje)	medicine bottle
vereenvoudigd	simplified
(niet) volledig	(not) complete
de hand-out (hand-outs)	handout
bevatten	to contain
complete (compleet)	complete
verstandig	wise

7B6

Kopieerblad

de bijsluitertekst (bijsluiterteksten)	patient information leaflet
de aspirine (aspirines)	asperin
o.a. (= **onder andere**)	among others
de werking (werkingen)	effect
pijnstillend	to relieve pain
koortsverlagend	to reduce fever
ontstekingsremmend	to reduce inflammation
waarvoor	for what
aspirine kan worden gebruikt bij	asperin can be used with
de verkoudheid	cold
de vaccinatie (vaccinaties)	vaccination
de kiespijn	toothache
de zenuwpijn	neuralgia
het spit	lumbago
de spierpijn	muscular ache
de menstruatiepijn	menstrual pain
reumatische (reumatisch)	rheumatic
de maagpatiënten (de maagpatiënt)	gastric patients

de maagpijn	stomach ache
de maagzweer	stomach ulcer
de darmzweer	peptic ulcer
de maagbloedingen (de maagbloeding)	stomach bleedings
de darmbloedingen (de darmbloeding)	gastrointestinal bleedings
ernstige (ernstig)	serious
de nierklachten	kidney troubles
aanleiding geven tot	to cause
de maagklachten	stomach troubles
het bloedverlies	loss of blood
het maag-darmkanaal	gastrointestinal tracts
de overgevoeligheidsverschijnselen (het overgevoeligheidsverschijnsel)	hypersensitive symptoms
de waarschuwingen (de waarschuwing)	warnings
de voorzorgen (de voorzorg)	precautions
veelvuldig(e)	long-term
ontraden	to advise against
indien	if
aanhouden (s.v.)	to continue
terugkeren (s.v.)	to return
dienen	should
de arts (artsen)	doctor
raadplegen	to consult
letten op	to watch for
gelijktijdig (adv.)	at the same time
de alcohol	alcohol
de kans (kansen)	possibility
de invloed (invloeden)	influence
de rijvaardigheid	driving ability
bedienen	to operate
de machines (de machine)	machines
valt niet te verwachten	is not to be expected
in het algemeen	in general
incidentele (incidenteel)	incidental
de gevallen (het geval)	cases
de duizeligheid	dizziness
zich voordoen (s.v.)	to occur
rekening houden met	to take into account
de borstvoeding (borstvoedingen)	breastfeeding
uitsluitend (adv.)	only
op advies van	after consulting
gedurende	during
de dosering (doseringen)	dosage
mg (= milligram)	milligram
het etmaal (etmalen)	24 hours
verdeeld over	divided over
de giften (de gift)	doses
de innames (de inname)	ingestions
het effect (effecten)	effect
gewenst	desired
de voorkeur verdienen	preferably
de voorkeur (voorkeuren)	preferance
de toediening	administration of
nuchtere (nuchter)	empty
op de nuchtere maag	on an empty stomach
ruime (ruim)	large
uiteen vallen	to dissolve
omroeren (s.v.)	to stir
opdrinken (s.v.)	to drink
het bewaren	save
de kamertemperatuur	room temperature
aspirine dient te worden bewaard	asperin should be kept
vochtige (vochtig)	humid

buiten het bereik houden (van)	to keep away (from)
de doordrukstrips (de doordrukstrip)	medicine strip
7B7a	
saai	boring
het enige	the only thing
vanzelf	on its own
het ziekenbezoek	visit to a patient
de pianoles (pianolessen)	piano lessons
niet veel bijzonders	nothing special
trots	proud
trots zijn op	to be proud of
het nieuwtje (nieuwtjes)	news
ik **heb beloofd (beloven)**	I promised (to promise)
het beterschapskusje (beterschapskusjes)	kiss to get better
een heel stuk beter	a lot better
7B8	
ze **heeft gebroken (breken)**	she broke (to break)
7B9	

Kopieerblad

de schrijftoets (schrijftoetsen)	written test
de spreektoets (spreektoetsen)	oral test

Uitdrukking

De tijd heelt alle wonden.	It's all water under the bridge.

Deel C

Stress? Doe er wat aan!	Stress? It's up to you!
7C1	
de stresstest	stress test
7C1a	
de stress	stress
gestrest	(to be) stressed
raken	to get
de werkgevers (de werkgever)	employers
de werkdruk	work pressure
vervelende (vervelend)	annoying
de spanning (spanningen)	tension
overspannen	overwrought
de burn-out (burn-outs)	burnout
meten	to measure
7C1b	
overhouden (s.v.)	to have left
de lichaamsbeweging	physical exercise
tegelijk	at the same time
doorslapen (s.v.)	to keep sleeping
inslapen (s.v.)	to fall asleep
de moeite	difficulty
moeite hebben (om)	to have difficulty (in)
humeurig	bad-tempered
chagrijnig	grouchy
de maximumsnelheid	maximum speed limit
enige (enig)	only
overslaan (s.v.)	to skip
de score (scores)	score
tellen	to count
de punten (het punt)	points
u verveelt zich **(zich vervelen)**	you are bored (to be bored)
de balans	balance
vasthouden (s.v.)	to keep
aankunnen (s.v.)	to be able to cope
met zich meebrengen (s.v.)	to cause
ontspannen	to relax
toekomen aan (s.v.)	to get around to

de ontspanning	relaxation
de lijst (lijsten)	list
verminderen	to lessen
7C1c	
mijn man **zei (zeggen)**	my husband said (to say)
de testvragen (de testvraag)	test questions
7C2	
kwijtraken (s.v.)	to lose
meedoen (s.v.)	to participate
de yogales (yogalessen)	yoga lesson
ophouden (met) (s.v.)	to stop (with)
alsjeblieft	please
doorgeven (s.v.)	to pass on the news
doorgaan (s.v.)	to continue
uitpraten (s.v.)	to talk through
afblijven (van) (s.v.)	to stay off
de computer (computers)	computer
7C3	
ik heb zoveel aan mijn hoofd	I have so much on my mind
7C4	
u **hebt gesproken (spreken)**	you have spoken to (to speak to)
7C5	
Transcriptie	
tuinieren	gardening
wegblijven (s.v.)	to stay away
dat gaat niet	that won't work
behoorlijk (adv.)	considerably
een dagje ouder	elderly
ik **heb afgesproken (afspreken)**	I made an appointment (to make an appointment)
flauw	silly
flauw doen	being silly
het toeval	coincidence
volplannen (s.v.)	to fully plan
rennen	to run
het artikel (artikelen)	article
afkomen van (s.v.)	to get rid of
om van je stress af te komen	to get rid of your stress
vissen	to fish
terug	back
terug zijn van	to be back from
7C6	
de antistress-tips (de antistress-tip)	anti-stress tips
ontstressen	to de-stress
alsof	as if
verstoord	disturbed
leegmaken (s.v.)	to empty
vol zitten	to be full of
meevallen (s.v.)	to be better than expected
plannen	to plan
controleren	to check
heb je opgeschreven (opschrijven)	you wrote down (to write down)
effectief (adv.)	effectively
optimaal (adv.)	optimally
een hoop	a lot of
bewust (adv.)	consciously
je verstand op nul zetten	to free your mind
tijd vrijmaken (s.v.)	to make time
jezelf	yourself
de energie	energy
(de) tijd nemen	to take time for something
hiervoor	for this
zorgen dat	to take care that

de slaap	sleep
merken	to notice
zwaar	heavy
lichamelijk	physically
concentreren	to concentrate

Notitie

tegenvallen (s.v.)	to disappoint
je dacht (denken)	you thought (to think)
ik heb geleerd (leren)	I learned (to learn)
ik vond (vinden)	I thought (to think)
geslaagd zijn	to pass
gezakt zijn	to fail

7C7

zeker	at least
het moment (momenten)	moment
op het moment	at the moment

7C8

nergens aan denken	to think of nothing

7C9

Kopieerblad

Marco wordt 5 jaar.	It's Marco's fifth birthday.
niet lekker in je vel zitten	not to feel good about yourself
het vel	skin
gespannen	tense

Uitdrukking

De boog kan niet altijd gespannen staan.	All work and no play.

Uitspraak

de -e wordt uitgesproken (uitspreken)	the -e is pronounced (to pronounce)
onbeklemtoonde (onbeklemtoond)	unstressed
de klank (klanken)	sound
de sjwa (sjwa's)	schwa
het symbool (symbolen)	symbol
matig	average
verrukkelijk	delicious

Hoofdstuk 8

Heb je je al ingeschreven? — Have you already registered?

Deel A

Op het gemeentehuis — At the city hall

8A1

de burgerzaken	General Register Office
te maken hebben met	to deal with
de gemeente (gemeentes/gemeenten)	*city*
het paspoort (paspoorten)	passport
vernieuwen	to renew
aanvragen (s.v.)	to request
de aangifte (aangiften/aangiftes)	registration
de geboorte (geboorten/geboortes)	birth
de verhuizing (verhuizingen)	removal
het gemeentehuis (gemeentehuizen)	city hall
de bezoekers (de bezoeker)	visitors
ervoor zorgen dat	to cause
regelen	to arrange
gemakkelijk	easy
het loket (loketten)	(online) service desk
de afsprakenlijn	appointments line
de werkdagen (de werkdag)	weekdays
de inloop	general opening hours
op afspraak	appointments only
in contact komen met	to contact

aangifte doen	to register
de naturalisatie	naturalization

Notitie

de reisdocumenten (het reisdocument)	travelling documents
de identiteitskaart (identiteitskaarten)	identity card
vermeld staan op	to be mentioned on
het visum (visums/visa)	visa
de stempel (stempels)	stamps
apart(e)	separate
het document (documenten)	document
bewaren	to keep
de legitimatiebewijzen (het legitimatiebewijs)	identity papers
zich legitimeren	to identify yourself

8A2a

bijschrijven	to add a name (to)

Transcriptie

mijn paspoort is verlopen (verlopen)	my passport expired (to expire)
recente (recent)	recent
de pasfoto (pasfoto's)	passport photo
voldoen aan	to comply with
de pasfoto-eisen	requirements for passport photos
de foto nemen	to take a picture
recht van voren	front view
egale (egaal)	solid
de achtergrond (achtergronden)	background
de zorgen (de zorg)	worries
geen zorgen!	no worries
de fotograaf (fotografen)	photographer
hem	him
meekomen	to come with
de aanvraag (aanvragen)	application
schriftelijke (schriftelijk)	written
de toestemming	permission
toestemming geven	to give permission
het gedoe	fuss
Wat een gedoe allemaal!	What a fuss!
u moet maar zo denken	just think about it like this
de veiligheid	safety

8A2b

de ambtenaar (ambtenaren)	public servant
de burger (burgers)	civilian
geldig(e)	valid
mijn paspoort is gestolen (stelen)	my passport was stolen (to steal)
inschrijven	to register

8A3

de geboorteaangifte (geboorteaangiftes/ geboorteaangiften)	registration of birth
de verhuisaangifte (verhuisaangiftes/ verhuisaangiften)	registration of change of address

8A5a

de kast (kasten)	closet
ik heb gevonden (vinden)	I found (to find)
het paspoort lag (liggen)	the passport was lying (to lie)
trouwens	by the way
nergens	nowhere
ik heb gelaten (laten)	I left it (to leave)
de gang (gangen)	hall
geschikt	suitable
lijken	to seem
de automaat (automaten)	photo booth
langsgaan (s.v.)	to drop by

8A5b

vetgedrukte (vetgedrukt)	bold

8A6

(voor) het laatst	(for) the last time

Notitie

het bureau (bureaus)	desk
de grond	floor
op de grond	on the floor
het object (objecten)	object
horizontale (horizontaal)	horizontal
de positie (posities)	position
de stoel (stoelen)	chair
verticale (verticaal)	vertical
de broekzak (broekzakken)	trouser pocket
de ruimte (ruimtes/ruimten)	space

8A8

de eisen (de eis)	requirements

8A8a

de kleurenfoto (kleurenfoto's)	colour passport photo
onbedekt	uncovered
bewijzen	to prove
het midden	middle
in het midden van	in the middle of
vooruit (adv.)	straight at
recht vooruit	straight at
de camera (camera's)	camera
de blik (blikken)	look
de gezichtsuitdrukking (gezichtsuitdrukkingen)	facial expression
boos kijken	to look angry
recht houden	to keep straight
de lijn (lijnen)	line
volledig (adv.)	fully
zichtbaar	visible
de glazen (het glas)	glasses

8A9

Kopieerblad

pasgeboren	newly born
voorbereid	prepared
de verhuizing is doorgegeven (doorgeven)	the change of address was communicated (to communicate)

Uitdrukking

Goed ingeburgerd zijn.	To adapt yourself well to a country.

Deel B

Heb je dit al eerder gedaan?	Have you done this before?

8B1

het baantje (baantjes)	job

Transcriptie

de huur (huren)	rent
de studiebeurs (studiebeurzen)	scholarship
het uitzendbureau (uitzendbureaus)	temp agency
de callcentermedewerkers (de callcentermedewerker)	call centre employees
het parttimewerk	part-time job
onregelmatige tijden	irregular shifts
de ervaring (ervaringen)	experience
de student (studenten)	student
bijverdienen	to earn a few pounds extra

8B2a

op gesprek gaan	to go on a job interview

Transcriptie

het netwerk (netwerken)	network
parttime (adv.)	part-time

beschikbaar	available
de vacatures (de vacature)	job openings
onder andere	among others
de bank (banken)	bank
de alarmcentrale (alarmcentrales)	emergency assistance
het invullen	to fill in
rond tien uur	around ten o'clock
8B2b	
Transcriptie	
verdienen	to earn
eerder	before
het callcenterwerk	call centre job
vroeger	before
vakken vullen	to stack shelves
inhouden	to involve
het callcenter (callcenters)	call centre
dat hangt ervan af	that depends
de bankzaken	bank business
klinken	to sound
logisch (adv.)	logical
inroosteren	to schedule
daar moet je wel tegen kunnen	you must be able to deal with that
waarbij	in which
de receptionist (receptionisten)	receptionist
de nachtportier (nachtportiers)	night watch
8B2c	
solliciteren (naar)	to apply (for)
het bijbaantje (bijbaantjes)	side job
geïnteresseerd	interested
geïnteresseerd zijn in	to be interested in
Kopieerblad	
gezocht (zoeken)	job requirements
betrouwbare (betrouwbaar)	reliable
de termijn (termijnen)	term
op korte termijn	on short term
plaatsen	to publish
het huiswerkinstituut (huiswerkinstituten)	homework institute
de studiebol (studiebollen)	good head for study
midden in	in the middle of
dagen **worden vastgesteld (vaststellen)**	days will be determined (to determine)
het overleg	meeting
in overleg	in agreement
de werktijd (werktijden)	working hours
de weekenddienst (weekenddiensten)	weekend shift
omgaan met (s.v.)	to deal with
stressbestendig	to deal with stress
representatief	representative
het salaris (salarissen)	wages
buiten de stad	outside the city centre
aankomend(e)	next
flexibele (flexibel)	flexible
de diensten (de dienst)	shifts
collegiaal	friendly
de studiebegeleider (studiebegeleiders)	homework help
de scholier (scholieren)	student
de middelbare scholieren	secondary school students
8B4	
vast	fixed
klassieke (klassiek)	classical
8B5a	
ik **heb opgebeld (opbellen)**	I called (to call)

ik heb ingewonnen (inwinnen)	I asked about (to ask about)
informatie inwinnen	to ask information
aardige (aardig)	nice
ik **ben langsgegaan (langsgaan)**	I went to (to go)
Carla **heeft uitgelegd (uitleggen)**	Carla explained (to explain)
ik **heb nagedacht (nadenken)**	I thought about (to think about)
ik heb me ingeschreven (zich inschrijven)	I registered for (to register)
8B6	
heb je **uitgenodigd (uitnodigen)**	you have invited (to invite)
8B7a	
het personeel	personnel
aangeboden (aanbieden)	offered
ervaren	experienced
de chauffeurs (de chauffeur)	drivers
bij voorkeur	preferably
het groot rijbewijs	Large Goods Vehicle (LGV) license
rijden op het buitenland	to drive abroad
het buitenland	abroad
de oppas (oppassen)	babysitter
de tweeling (tweelingen)	twins
het hart (harten)	heart
hart voor	to love
bijhouden (s.v.)	to maintain
oud worden	to grow old
handige (handig)	handy
de klusjesman (klusjesmannen)	handyman
het dak (daken)	roof
de karweitjes (het karweitje)	odd jobs
gemeentelijk(e)	council
het vervoersbedrijf (vervoersbedrijven)	transportation company
de stadsbus (stadsbussen)	city bus
het rijbewijs B	driving license
de buschauffeur (buschauffeurs)	bus driver
het kindermeisje (kindermeisjes)	nanny
pedagogisch(e)	pedagogic
het gebied (gebieden)	field
op ... **gebied**	in the field of...
de peuterleidster (peuterleidsters)	preschool teacher
opdoen (s.v.)	to gain
ervaring opdoen	to gain experience
de vrachtwagenchauffeur (vrachtwagenchauffeurs)	lorry driver
werkloos	unemployed
helpen aan	to help with
Help!	Help!
waarop	for which
in de leeftijd van	at the age of
de klussen (de klus)	jobs
werkloze (werkloos)	unemployed
de timmerman (timmermannen)	carpenter
de werkervaring	job experience
de dakbedekking	roof covering
de plaatsing (plaatsingen)	to place
de kozijnen (het kozijn)	frames
de deuren (de deur)	doors
de taxichauffeur (taxichauffeurs)	taxi driver
8B8	
de interesse (interesses/interessen)	interest
interesse hebben in	to be interested in
de rubriek (rubrieken)	section
kennismaken (s.v.)	to meet

8B9

Kopieerblad	
de spoed	urgency
met spoed	urgently
op zoek zijn naar	to look for
de locatie (locaties)	location
de functie-eisen (de functie-eis)	job requirements
enthousiaste (enthousiast)	enthusiastic
de beheersing	command
goede beheersing van	have a good command of
klantvriendelijk	client-friendly
commerciële (commercieel)	commercial
de instelling	attitude
bieden	to offer
de sfeer (sferen)	atmosphere
ideaal voor	ideal for
de 65+-ers (65+-er)	65 years old and over
het contract (contracten)	contract
tijdelijk(e)	temporary
technische (technisch)	technical
het viersterrenhotel (viersterrenhotels)	four-star hotel
inchecken (s.v.)	to check in
uitchecken (s.v.)	to check out
de hotelgasten (de hotelgast)	hotel guests
de gasten (de gast)	guests
te woord staan	to speak to
het gevoel	sense
de humor	humour
gevoel voor humor	sense of humour
bereid zijn (om)	to be willing to
prettige (prettig)	nice
de werkomgeving (werkomgevingen)	working environment

Uitdrukking	
Een goed begin is het halve werk.	To make a head start.

Deel C

Ik heb er zo'n zin in! — I really feel like it!

8C1

de Erasmusbeurs	Erasmus student scholarship

8C1a

de hogeschool (hogescholen)	professional education
de overheid (overheden)	government
de periode (periodes/perioden)	period
de kennis	knowledge
uitwisselen (s.v.)	to exchange
het Erasmusprogramma	Erasmus scholarship programme
Europese (Europees)	European
de unie (unies)	union
de Europese Unie	European Union
Noorwegen	Norway
IJsland	Iceland
Liechtenstein	Liechtenstein
deelnemen (aan) (s.v.)	to participate (in)
de beurs (beurzen)	scholarship
de onderwijsinstelling (onderwijsinstellingen)	educational institute
de studieperiode (studieperiodes)	study period
erkennen	to acknowledge
de instelling (instellingen)	institute
fulltime	full-time
het verblijf	stay
de voorbereiding (voorbereidingen)	preparation

de Erasmusperiode	Erasmusperiod
intensieve (intensief)	intensive
de taalcursus (taalcursussen)	language course
het gastland (gastlanden)	host country
les krijgen in	to get lessons in
de gebruiken (het gebruik)	customs
het doel (doelen)	objective
zich redden	to cope
beslissen	to decide
8C2	
Simone **heeft** zich **opgegeven (zich opgeven)**	Simone registered (to register)
Polen	Poland
de colleges (het college)	lectures
de kassamedewerkster (kassamedewerksters)	cashier
de vakkenvuller (vakkenvullers)	shelf stacker
Transcriptie	
het studiejaar (studiejaren)	study year
het Pools	Polish
zodat	so that
zich verheugen (op)	to look forward to
enorm (adv.)	tremendously
zich voorstellen (s.v.)	to imagine
de caissière (caissières)	cashier
het kassawerk	cash duties
zich aanmelden (s.v.)	to apply for
Notitie	
versterken	to strengthen
de functie (functies)	function
8C3	
zich vergissen	to make a mistake
ik heb me aangemeld (zich aanmelden)	I registered (to register)
zich voorstellen (s.v.)	to introduce yourself
de bal (ballen)	ball
zich vermaken	to enjoy him/herself
zich interesseren voor	to be interested in
de tijd (tijden)	time
8C5	
de indirecte rede	indirect speech
8C5a	
onderstrepen	to underline
organiseren	to organise
de locatie (locaties)	place
8C5c	
aangeven (s.v.)	to indicate
8C6	
doorvertellen (s.v.)	to pass on
8C7	
het treinkaartje (treinkaartjes)	train ticket
het vliegticket (vliegtickets)	plane ticket
Transcriptie	
ik **heb gevonden (vinden)**	I found (to find)
zitten bij	to be part of
de bestemmingen (de bestemming)	destinations
de treinplanner	travel planner
vertrekken	to leave
nogal	quite
nogal wat	quite a lot
de reistijd (reistijden)	travel time
overstappen (s.v.)	to change for
zo min mogelijk	as little as possible
de bagage	luggage
vliegen	to fly

lager	lower
de treinreis (treinreizen)	train trip
de EU (= Europese Unie)	European Union
bijzondere (bijzonder)	special
8C8	
het reisbureau (reisbureaus)	travel agency
8C9a	
Finland	Finland
de republiek (republieken)	republic
drieënhalf	three and a half
de sauna's (de sauna)	saunas
het procent (procenten)	percent
de bevolking (bevolkingen)	population
in de buurt van	in the neighbourhood of
de hoofdstad (hoofdsteden)	capital city
Finland heeft geïnvesteerd (investeren)	Finland has invested in (to invest)
het onderzoek (de onderzoeken)	research
de innovatie (innovaties)	innovation
de investeringen (de investering)	investments
kennisintensieve (kennisintensief)	a lot of knowledge
op het gebied van	in the area of
de telecommunicatie	telecommunications
de lonen (het loon)	wages
het stimuleren (van)	stimulation (of)
de kenniseconomie (kenniseconomieën)	knowledge economy
multidisciplinair	multidisciplinary
de economie (economieën)	economy
beroepsgerichte (beroepsgericht)	profession-oriented
Hongarije	Hungary
binair	binary
daarvan	of which
publiek	public
buitenlandse (buitenlands)	foreign
Hongaarse (Hongaars)	Hungarian
het ministerie (ministeries)	ministry
het ministerie van Onderwijs en Cultuur	Ministry of Education and Culture
de brochure (brochures)	leaflet
hogescholen hebben ingevoerd (invoeren)	professional educations have established (to establish)
8C9b	
presenteren	to present
de plannen (het plan)	plans
Uitdrukking	
Je bent nooit te oud om te leren.	You are never too old to learn.
Uitspraak	
de tweeklanken (de tweeklank)	bisyllables
de glijklanken (de glijklank)	diphthongs
het uitspreken	pronunciation
de mondopening (mondopeningen)	roundedness
Overzicht	
interesse tonen (in)	to show interest (in)

Hoofdstuk 9

Hoe was jullie vakantie? — How was your holiday?

Deel A

Lekker op vakantie! — Hurray – we're off on a holiday!

9A1	
de wintersportreizen (de wintersportreis)	skiing trip
Oostenrijk	Austria
Tsjechië	Czech Republic

boeken	to book
online	online
de wintersportvakantie (wintersportvakanties)	ski holiday
het familiepretpark (familiepretparken)	family theme park
de toren (torens)	tower
de autovakantie (autovakanties)	car holiday
het meer (meren)	lake
het Gardameer	Lake Garda
het driesterrenhotel (driesterrenhotels)	three-star hotel
inclusief	including
de reisduur	duration
de gezinsvakantie (gezinsvakanties)	family holiday
Zuid-Tirol	South Tyrol
de wandelingen (de wandeling)	hikes
de paden (het pad)	paths
de stedentrip (stedentrips)	city trip
incl. (= inclusief)	including
de vlucht (vluchten)	flight
Schiphol	Schiphol Airport Amsterdam
per persoon	per person
de caravan (caravans)	caravan
de actie (acties)	special offer
de overtocht (overtochten)	channel crossing
de camping (campings)	campsite
het Waddeneiland (Waddeneilanden)	Wadden Island
gezellige (gezellig)	cosy
de gezinscamping (gezinscampings)	family campsite
het bos (bossen)	forest
de zee (zeeën)	sea
de tenten (de tent)	tents
de campers (de camper)	motorhomes

Transcriptie

dialoog 1

ergens	somewhere
heengaan (s.v.)	to go
ik hoef niet zo nodig	I don't really need to
ergens anders	somewhere else
een warm land	a warm country
aan zee	at the seaside
op het strand liggen	to lay on the beach
het gelukkigst	happiest
leuke dingen doen	to do fun things
een dagje weg	a day trip
het pretpark (pretparken)	theme park

dialoog 3

de bergen (de berg)	mountains
prachtig (adv.)	beautiful
tot rust komen	to fully rest
weer	again
in een hotel	in a hotel
huren	to rent
het appartement (appartementen)	appartment
de wandelpaden (het wandelpad)	hiking trails

dialoog 4

ver	far
ver weg	far away
kamperen	to camp
op de camping	at the campsite
met de tent	to take the tent

dialoog 5

een lang weekend	a long weekend

dialoog 6

skiën	to ski

de wintersport	ski trip
op wintersport gaan	to go on a ski trip
de voorjaarsvakantie	spring break
Notitie	
de schoolvakanties (de schoolvakantie)	school holidays
de kerstvakantie	Christmas holiday
de voorjaarsvakantie	spring break
de carnavalsvakantie	Carnival's holiday
de krokusvakantie	spring break
de meivakantie	May break
9A2a	
de skivakantie (skivakanties)	ski holiday
het vakantieland (vakantielanden)	holiday destination
de vakantiestad (vakantiesteden)	favourite holiday city
9A2b	
overnachten	to spend the night
het vakantiehuisje (vakantiehuisjes)	holiday accommodation
het vakantiepark (vakantieparken)	holiday park
de strandwandeling (strandwandelingen)	walk on the beach
langs	along
door	through
9A3	
culturele (cultureel)	cultural
de rondreis (rondreizen)	tour
de strandvakantie (strandvakanties)	beach holiday
9A5b	
Kroatië	Croatia
9A6	
Kopieerblad	
de pizza (pizza's)	pizza
9A7	
Oost-Nederland	Eastern Netherlands
het zuiden	South
in het zuiden	in the South
het westen	West
ten westen van	to the West of
9A8	
het noorden	North
9A9	
Portugal	Portugal
9A9b	
Transcriptie	
de kust (kusten)	coast
het binnenland (de binnenlanden)	interior
Atlantische (Atlantisch)	Atlantic
de oceaan (oceanen)	ocean
de Atlantische Oceaan	Atlantic Ocean
Portugese (Portugees)	Portuguese
Madeira	Madeira
de Algarve	Algarve
de natuurgebieden (het natuurgebied)	nature reserves
9A10	
de vakantiebestemming (vakantiebestemmingen)	holiday destination
ernaartoe	there
Uitdrukking	
Oost west, thuis best.	Home, sweet home.

Deel B

Vakantieverhalen	Holiday adventures
9B1a	
normaal	normal
de Nederlanders maakten (maken)	the Dutch used to make (to make)
verre (ver)	far
ze vierden (vieren)	they celebrated (to celebrate)
vakantie vieren	to have a holiday
de vakantiegangers (de vakantieganger)	holiday makers
sommige vakantiegangers reisden (reizen)	some holiday makers travelled (to travel)
je bestudeerde (bestuderen)	you used to study (to study)
de wegenkaart (wegenkaarten)	roadmap
de reisgids (reisgidsen)	travel guidebook
je wisselde (wisselen)	you exchanged (to change)
je stopte (stoppen)	you put in (to put in)
de koffer (koffers)	suitcase
je gebruikte (gebruiken)	you used (to use)
de fotorolletjes (het fotorolletje)	film rolls
foto's maken	to take pictures
je belde (bellen)	you called (to call)
vanuit	from
de telefooncel (telefooncellen)	telephone box
je stuurde (sturen)	you sent (to send)
de ansichtkaart (ansichtkaarten)	postcard
je luisterde (luisteren)	you listened (to listen)
het radiootje (radiootjes)	radio
je vertelde (vertellen)	you told (to tell)
de vakantieverhalen (het vakantieverhaal)	stories about your holidays
je wachtte (wachten)	you waited (to wait)
de vakantiefoto's (de vakantiefoto)	holiday pictures
het navigatiesysteem (navigatiesystemen)	GPS
de iPod (iPods)	iPod
de laptop (laptops)	laptop
het weblog (weblogs)	weblog
de thuisblijvers (de thuisblijver)	people who stay at home
9B1b	
de radio (radio's)	radio
9B3a	
ik reisde (reizen)	I travelled (to travel)
we wisselden (wisselen)	we exchanged (to exchange)
mijn ouders gebruikten (gebruiken)	my parents used (to use)
we belden (bellen)	we called (to call)
ik fietste (fietsen)	I cycled (to cycle)
9B3b	
mensen luisterden (luisteren)	people listened (to listen)
de omafiets (omafietsen)	sit-up-and-beg type bicycle
9B5	
ben jij weggeweest? (weg zijn)	have you gone (to go)
9B5a	
Teun heeft geslapen (slapen)	Teun slept (to sleep)
het weer	weather
mooi/slecht weer	good/bad weather
Teun heeft gelegen (liggen)	Teun lay (to lie)
Teun heeft bezocht (bezoeken)	Teun visited (to visit)
Transcriptie	
de paasvakantie	Easter holiday
het hotelletje (hotelletjes)	hotel
het regende (regenen)	it rained (to rain)
het Colosseum	Colosseum
rondwandelen (s.v.)	to walk around
de kerken (de kerk)	churches
de monumenten (het monument)	monuments

9B5b	
Maud merkte (merken)	Maud noticed (to notice)
de rugzak (rugzakken)	backpack
Transcriptie	
goedkope (goedkoop)	cheap
de last minute	last minute
in de zon liggen	to lay in the sun
de relaxvakantie (relaxvakanties)	relax holiday
dat kun je wel zeggen	you can say that
de pech	bad luck
pech hebben	to have bad luck
onze koffers zaten (zitten)	our luggage was (to be)
bij de bagage zitten	to be with the luggage
onze koffers stonden (staan)	our luggage was at (to be at)
de souvenirs (het souvenir)	souvenirs
9B5c	
het was lekker/heerlijk/prachtig weer	it was good/lovely/wonderful weather
het was koud	it was cold
9B5d	
de handtas (handtassen)	purse
de reistas (reistassen)	travel bag
9B6a	
we hadden (hebben)	we had (to have)
we gingen (gaan)	we went (to go)
we konden (kunnen)	we could
9B7	
het fotoalbum (fotoalbums)	picture album
9B7a	
stomme (stom)	silly
de regenjas (regenjassen)	rain coat
ik zat (zitten)	I sat (to sit)
het ponykamp (ponykampen)	pony camp
we reden (rijden)	we went horseback riding (to go horseback riding)
de duinen (de duin)	dunes
in slaap vallen	to fall asleep
de ski's (de ski)	skis
ik stond (staan)	I stood (to stand)
de sneeuw	snow
het ex-vriendje (ex-vriendjes)	ex-boyfriend
9B8	
Notitie	
het eten smaakte (smaken)	the food tasted (to taste)
de reis ging (gaan)	the trip went (to go)
de camping en het hotel bevielen (bevallen)	the campsite and the hotel suited us (to suit)
de details (het detail)	details
9B9	
heb je meegenomen (meenemen)	did you bring with you (to bring with)
Uitdrukking	
Alle wegen leiden naar Rome.	All roads lead to Rome.
Deel C	
Lieve Marie	Dear Marie
9C1	
terugmailen (s.v.)	to answer your mail
afgelopen	last
het herdenkingsconcert (herdenkingsconcerten)	Memorial Concert
terugrijden (s.v.)	to drive back

uit bed halen	to get out of bed

Notitie

de volkszangers (de volkszanger)	folk singers
op ...-jarige leeftijd	at the age of...
regelmatig	regularly

9C2

Els en Daan hebben gegeten (eten)	Els and Daan ate (to eat)
de filmbeelden (het filmbeeld)	pictures
Els en Daan kenden (kennen)	Els and Daan knew (to know)
verliefd	in love

Transcriptie

artiesten zongen (zingen)	artists sang (to sing)
de beelden (het beeld)	pictures
het scherm (schermen)	screen
het publiek	audience
het publiek zong (zingen)	the audience sang (to sing)
de fans (de fan)	fans
het hoogtepunt (hoogtepunten)	climax
we hoorden (horen)	we heard (to hear)
de herdenking (herdenkingen)	memorial
naar binnen	to go inside
de nachtsleutel (nachtsleutels)	key

9C3b

ik vond er niets aan	I didn't like it
ze speelden (spelen)	they played (to play)
onbekende (onbekend)	unknown
het concert duurde (duren)	the concert lasted (to last)
de acties (de actie)	activities
de beschrijvingen (de beschrijving)	descriptions

9C3c

ik vond er niet veel aan	I didn't like it much

Notitie

vervoegen	to conjugate

9C3d

het meisje kon (kunnen)	the girl could
er gebeurde niets (gebeuren)	nothing happened (to happen)
afschuwelijke (afschuwelijk)	horrible
beste (best)	best
de deejay (deejays)	dj
ik ben vergeten (vergeten)	I forgot (to forget)
geweldig(e)	wonderful

9C4

gisteravond	yesterday evening
komische (komisch)	comical

9C5a

meemaken (s.v.)	to experience
de thema's (het thema)	themes
het stedenbezoek	city trip
het familiebezoek	visit to the family
het cafébezoek	go to the pub
de acteurs (de acteur)	actors
de film ging over (gaan over)	the film was about (to be about)
de oorlog (oorlogen)	war

9C6

de planten (de plant)	plants
supertof	awesome
de groepsreis (groepsreizen)	group trip
geachte (geacht)	dear
meedelen (s.v.)	to inform
de inschrijvingen (de inschrijving)	registrations
aanbieden (s.v.)	to offer
verontschuldigingen aanbieden	to offer apologies
de verontschuldigingen (de verontschuldiging)	apologies

het cadeau (cadeaus)	present

9C7b

de gevorderden (de gevorderde)	advanced
dhr. (= de heer)	Mr.
betreft	concerning
het cursusgeld	course fee
uiteraard	of course
terugbetalen (s.v.)	to refund
van dienst zijn	to be at your service
de managementassistent (managementassistenten)	assistant to the manager

9C8

verzetten	to reschedule
een afspraak verzetten	to reschedule an appointment
Friesland	Friesland
toen	when
u ontdekte (ontdekken)	you discovered (to discover)
de fotocamera (fotocamera's)	camera
de verzendkosten	postage price

Uitdrukking

Wie schrijft die blijft.	Everything he writes is consigned to posterity.

Uitspraak

Roemenië	Rumania

Hoofdstuk 10

Heb jij een leuk huis? — Do you have a nice home?

Deel A

Een tuin op het zuiden — A south facing garden

Vocabulaire

de woningtypen (het woningtype)	house types
het vrijstaande huis (de vrijstaande huizen)	detached dwelling
vrijstaande (vrijstaand)	detached
het rijtjeshuis (rijtjeshuizen)	terraced house
de tussenwoning (tussenwoningen)	terraced house
de hoekwoning (hoekwoningen)	end of terrace house
de twee-onder-een-kapwoning (twee-onder-een-kapwoningen)	semi-detached dwelling
de bungalow (bungalows)	bungalow
de flat (flats)	apartment; apartmentbuilding
het flatgebouw (flatgebouwen)	apartment building
de villa (villa's)	villa
de boerderij (boerderijen)	farmhouse

10A1a

bouwen	to build
het nieuwbouwhuis (nieuwbouwhuizen)	new home

Transcriptie

genoeg hebben van	to have had enough
het huurappartement (huurappartementen)	rental apartment
de koopwoning (koopwoningen)	home ownership property
dat heeft geen zin	that is no use
uitrekenen (s.v.)	to calculate
de buitenwijk (buitenwijken)	suburb
kindvriendelijke (kindvriendelijk)	child-friendly
buitenspelen (s.v.)	to play outside

Notitie

de huurbaas (huurbazen)	landlord
de woningbouwvereniging (woningbouwverenigingen)	housing association

de lening (leningen)	loan	
de hypotheek (hypotheken)	mortgage	
te koop	for sale	
10A1b		
zonnige (zonnig)	sunny	
de achtertuin (achtertuinen)	backyard	
het bouwjaar (bouwjaren)	date of construction	
uitstekend (adv.)	excellent	
onderhouden	well-kept	
dicht bij	close to	
op loopafstand	at walking distance	
het dakterras (dakterrassen)	roof garden	
10A2		
de nieuwbouwwijk (nieuwbouwwijken)	new home development	
het platteland	country	
op het platteland	in the countryside	
de rand (randen)	outskirts	
aan de rand van	on the outskirts of	
Notitie		
de eengezinswoning (eengezinswoningen)	single-family dwelling	
bedoeld zijn voor	to be meant for	
10A3		
het hoekhuis (hoekhuizen)	end of terrace house	
10A4		
het geboortehuis (geboortehuizen)	the house you were born in	
het koophuis (koophuizen)	home ownership property	
het huurhuis (huurhuizen)	rental house	
het dorp (dorpen)	village	
Notitie		
de makelaar (makelaars)	estate agent	
de koper (kopers)	buyer	
de tussenpersoon (tussenpersonen)	intermediary	
de partijen (de partij)	parties	
tegen een goede prijs	for a good price	
het onderhandelen (over)	negotiations (on)	
10A5a		
de woonkamer (woonkamers)	living room	
het schuurtje (schuurtjes)	shed	
de open keuken	open plan kitchen	
de kelder (kelders)	cellar	
de verdieping (verdiepingen)	floor	
op de eerste verdieping	on the first floor	
de slaapkamers (de slaapkamer)	bedrooms	
het balkon (balkons)	balcony	
de zolderverdieping	attic	
de dakkapel (dakkapellen)	dormer	
Transcriptie		
het makelaarskantoor (makelaarskantoren)	estate agency	
de woning (woningen)	house	
morgenmiddag	tomorrow afternoon	
aangenaam kennis te maken	pleasure meeting you	
naar binnen gaan	to go inside	
de hal (hallen)	hall	
het toilet (toiletten)	wc	
de bovenverdieping (bovenverdiepingen)	upstairs floor	
dat is handig (voor)	that is useful (for)	
de bergruimte (bergruimtes)	storage space	
boven	upstairs	
naar boven gaan	to go upstairs	
perfecte (perfect)	perfect	
de babykamer (babykamers)	nursery	
het pluspunt (pluspunten)	advantage	
gerenoveerd	renovated	

de wc (wc's)	wc
de vaste trap	staircase
de studeerkamer (studeerkamers)	study room
de logeerkamer (logeerkamers)	guest room
we zullen het erover hebben	we'll talk about it
10A5b	
de berging (bergingen)	lean-to
de fietsenkelder (fietsenkelders)	bicycle shed
de garage (garages)	garage
het terras (terrassen)	terrace
de zolderkamer (zolderkamers)	attic room
10A5c	
de entree (entrees)	hall
de bijkeuken (bijkeukens)	utility room
de begane grond	ground floor
de benedenverdieping	downstairs floor
de zolder (zolders)	attic
de voortuin (voortuinen)	front yard
de schuur (schuren)	shed
10A6a	
de achterzijde	back side
aan de achterzijde	at the back
de indeling (indelingen)	layout
openslaande (openslaand)	*French window*
openslaande deuren	*French windows*
de overloop (overlopen)	first floor hallway
de bijzonderheden (de bijzonderheid)	more details
van binnen	inside
van buiten	outside
de zijkant	side
de voorkant	front
de achterkant	back
10A7a	
de oprit (opritten)	driveway
10A7b	
in goede staat	in good condition
de oven (ovens)	oven
kapot	broken
kapot gaan	to break
de parkeerplaatsen (de parkeerplaats)	parking spaces
beantwoorden	to answer
10A9	
Kopieerblad	
het woningaanbod	housing market
Uitdrukking	
Zoals het klokje thuis tikt, tikt het nergens.	Home, sweet home.

Deel B

Ons paleisje	Our home is our castle.
10B1a	
m (= meter)	metre
Transcriptie	
zevenenhalf bij tien	seven and a half by ten
linksvoor	front left
de voordeur (voordeuren)	front door
de meterkast (meterkasten)	metre cupboard
daarachter	behind that
de open trap	floating stairs
aan het einde van	at the end of
vierkante (vierkant)	square
de vierkante meter (vierkante meters)	square metre

de muren (de muur)	walls
vrij (adv.)	pretty
tweeënhalve (tweeënhalf)	two and a half
diep	long
hij liep (lopen)	it runs (to run)
de breedte (breedtes/breedten)	width

10B1b

Transcriptie

vier meter breed	four metres wide
vijf meter lang	five metres long

10B2

de afmetingen (de afmeting)	dimensions
m² (= vierkante meter)	square metre
tweeënhalve meter hoog	two and a half metres high

10B3c

middelste (middelst)	middle

10B5

de materialen (het materiaal)	materials
het leer	leather
het glas	glas
het steen	stone
het hout	wood
van hout	wooden
het ijzer	iron
het plastic	plastic
het goud	gold
het zilver	silver
de ring (ringen)	ring
recyclen	to recycle
de wijnfles (wijnflessen)	wine bottle
harder	harder

10B6

het nieuws	news

10B6a

houten	wooden
de vloer (vloeren)	floor
de open haard	open hearth
wollen	woolen
de gordijnen (het gordijn)	curtains
centrale (centraal)	central
de verwarming (verwarmingen)	heating
de centrale verwarming	central heating
de tegels (de tegel)	tiles
goudkleurige (goudkleurig)	golden
de kranen (de kraan)	taps
het ligbad (ligbaden)	bathtub
de wastafel (wastafels)	bathroom sink
de dubbele wastafel	double bowl sink
ijzeren	iron
het hek (hekken)	gate

Transcriptie

licht	light
gouden	golden
glazen	glass
plastic	plastic
het douchegordijn (douchegordijnen)	shower curtain
ophangen (s.v.)	to hang up
Dat klinkt beter!	That sounds better!
de vloerbedekking (vloerbedekkingen)	wall-to-wall carpeting
stenen	stone
inlopen (s.v.)	to walk in
geweldig (adv.)	wonderful
het paleisje (paleisjes)	castle

10B7a	
leren	leather
papieren	paper
10B9	
Kopieerblad	
totale (totaal)	total
de woonoppervlakte	living space
het dubbel glas	double glazing
de vraagprijs (vraagprijzen)	ask price
luxe (lux)	luxury
Uitdrukking	
Eigen haard is goud waard.	The house is worth a king's ransom.

Deel C

Ik ga op kamers	I'm going to live on my own
10C1	
de informatica	informatics
het prikbord (prikborden)	notice board
het studentencafé (studentencafés)	student pub
10C1a	
de studente (studentes)	student (f)
rookvrij(e)	non smoking
de huisgenoot (huisgenoten)	roommate
het studentenhuis (studentenhuizen)	student house
gemeenschappelijke (gemeenschappelijk)	shared
het gas (gassen)	gas
gas, water en licht	utilities
het licht	electricity
tweedejaars	second year
TU (=Technische Universiteit)	Technical University
per direct	directly
gemeubileerde (gemeubileerd)	furnished
de internetaansluiting (internetaansluitingen)	internet connection
te huur	to let
verboden	prohibited
verboden te roken	smoking prohibited
op straat staan	to be homeless
vierdejaars	fourth year
techn. **(= technische)**	technical
de natuurkunde	physics
10C1c	
de meubels (het meubel)	furniture
Notitie	
de huisbaas (huisbazen)	landlord
de studentenhuisvesting	student accomodation
de studentenflat (studentenflats)	student apartments
de particulieren (de particulier)	private persons
de hospita (hospita's)	landlady
het inschrijfgeld	registration fee
de bemiddelingskosten	mediation costs
via via	by word of mouth
vrij	available
er is een kamer vrij	a room is available
10C2a	
de huurprijs (huurprijzen)	rent
exclusief (adv.)	excluding
de bewoners (de bewoner)	housemates
Transcriptie	
de woonkeuken	open-plan kitchen living room

Hoe hoog is de huur? — How much do I need to pay for rent?
de bouwkunde — architecture
de kijkavond (kijkavonden) — open house
superfijn — wonderful

10C2b

Babette wist (weten) — Babette knew (to know)
het briefje (briefjes) — note

10C3a

verhuren — to let

10C4

Kopieerblad

de afstand (afstanden) — distance

10C5a

Transcriptie

een heleboel — a lot
de bureaustoel (bureaustoelen) — desk chair
de zitzak (zitzakken) — bean bag chair
de spiegel (spiegels) — mirror
de wasmachine (wasmachines) — washing machine
het servies (serviezen) — dinnerware
de messen (het mes) — knives
de vorken (de vork) — forks
de lepels (de lepel) — spoons
het bestek — cutlery
de waterkoker (waterkokers) — water cooker
thee zetten — to make tea
het tosti-ijzer (tosti-ijzers) — toast maker
niet zonder kunnen — cannot do without
de tosti's (de tosti) — toasted ham and cheese sandwich
het tostiapparaat (tostiapparaten) — toast maker
het campingkoelkastje (de campingkoelkast) — compact refrigerator
het tweepersoonsbed (tweepersoonsbedden) — double bed
de slaapbank (slaapbanken) — sofa bed
de woonboulevard (woonboulevards) — furniture row

10C5b

de meubelwinkel (meubelwinkels) — furniture shop

10C6

de inrichting — furnishing
de apparaten (het apparaat) — machines

10C6a

de bank (banken) — sofa
het vloerkleed (vloerkleden) — rug
het kleed (kleden) — rug
de lamp (lampen) — lamp
de kapstok (kapstokken) — coat stand
de fauteuil (fauteuils) — chair
de eettafel (eettafels) — dining table
de salontafel (salontafels) — coffee table
het televisiemeubel (televisiemeubels) — television unit
de stereo-installatie (stereo-installaties) — stereo sound system
het nachtkastje (nachtkastjes) — night stand

10C6b

de diepvries — freezer
het fornuis (fornuizen) — cooker
de magnetron (magnetrons) — microwave

10C6c

de broodrooster (broodroosters) — toaster
de citruspers (citruspersen) — orange juice squeezer
het koffiezetapparaat (koffiezetapparaten) — coffee maker

de mixer (mixers)	mixer
de stofzuiger (stofzuigers)	vacuum cleaner
het strijkijzer (strijkijzers)	iron
10C8	
boven	on top of
Notitie	
de houding (houdingen)	position
horizontaal (adv.)	horizontal
verticaal (adv.)	vertical
zich bevinden	to be
de sleutel (sleutels)	key
de jaszak (jaszakken)	jacket pocket
de bovenkant (bovenkanten)	top
vastzitten (s.v.)	to be stuck
de onderkant (onderkanten)	bottom
Uitdrukking	
Met de deur in huis vallen.	To come straight to the point.
Uitspraak	
over het algemeen	in general
verwisselen	to confuse
het geheel	complete
het behang	wall paper
de wijk (wijken)	neighbourhood
de nieuwbouw	new home

Hoofdstuk 11

Heb je het al gehoord?	Have you heard?

Deel A

Wat een blunder!	What a blunder!
11A1	
de blunder (blunders)	blunder
11A1a	
het abonnement (abonnementen)	subscription
een abonnement hebben op	to have a subscription to
wel eens	ever
de klantenservice	customer services
indienen (s.v.)	to make
een klacht indienen	to complain
11A1b	
de krant is bezorgd (bezorgen)	the newspaper was delivered (to deliver)
zich realiseren	to realise
de krantenbezorger (krantenbezorgers)	newspaperboy
verkeerd (adv.)	wrong
Transcriptie	
ik **sloot af (afsluiten)**	I took (to take)
een abonnement afsluiten	to take a subscription
ik **stond op (opstaan)**	I woke up (to wake up)
afwachten (s.v.)	to wait
ongeduldig (adv.)	impatient
in het begin	in the beginning
tevreden	satisfied
het **viel tegen (tegenvallen)**	it didn't live up to expectations
de bezorging	delivery
nat	wet
de regen	rain
geïrriteerd	irritated
ik nam me voor (zich voornemen)	I intended (to intend)
duidelijk (adv.)	clear
woedend (adv.)	angry
niemand nam op (opnemen)	no one answered (to answer)

ik **bleef (blijven)**	I kept (to keep)
ik bleef maar doorpraten	I kept talking
doorpraten (s.v.)	to keep talking
… minuten lang	for … mintues
belachelijk	ridiculous
aan de lijn krijgen	to reach
aan de andere kant van de lijn	on the other side
ik gaf (geven)	I gave (to give)
(geen) kans geven	to (not) give a chance
ik sloot af met (afsluiten met)	I ended with (to end with)
ik heb besloten (besluiten)	I decided (to decide)
opzeggen	to terminate
een abonnement opzeggen	to terminate a subscription
daarop	to that
de mevrouw dacht na (nadenken)	the woman thought about it
de mevrouw vroeg (vragen)	the woman asked (to ask)
voorzichtig (adv.)	carefully
door de grond gaan van schaamte	to cringe in shame
de schaamte	shame
neerleggen (s.v.)	to put down
de telefoon neerleggen	to put down the phone
vlug (adv.)	quickly

11A1c

een man nam (nemen)	a man took (to take)

11A3

nadat	after
de medewerkster (medewerksters)	employee (f)

11A4

de dobbelsteen (dobbelstenen)	dice
gooien	to throw
met een dobbelsteen gooien	to throw a dice

11A5

navertellen	to retell

Kopieerblad

een man keek (kijken)	a man looked (to look)
hij zag (zien)	he saw (to see)
hij kwam aan (aankomen)	he arrived (to arrive)
bij	at
een vrouw deed open (opendoen)	a woman opened (to open)
prachtige (prachtig)	beautiful
de portemonnee (portemonnees)	wallet
hij gaf (geven)	he gave (to give)
de autopapieren	car registration papers
durven	to dare
mijn man hield van (houden van)	my husband loved (to love)
hij schreef (schrijven)	he wrote (to write)

11A6

u las (lezen)	you read (to read)
dom	silly

11A7

kinderdagverblijf	day nursery
het vestigingshoofd (vestigingshoofden)	branch manager
de kinderopvang	child care centre
kiekeboe	keekaboe
de opvang	to take care of
opvang bieden	to offer care
de kerst	Christmas
het principe (principes)	principle
in principe	in principle
t/m (tot en met)	from … to
de mogelijkheid bieden	to offer possibilities
de basis (basissen/bases)	basis
op basis van	based on
à	at the rate of

gebruikmaken van (s.v.)	to use
minimaal (minimale)	minimally
het mogelijk maken	to make it possible
efficiënte (efficiënt)	efficient
de inventarisatie (inventarisaties)	list
de planning (planningen)	planning
verzoeken	to request
uiterlijk (adv.)	no later than
Ik hoop u hiermee voldoende te hebben geïnformeerd.	I hope I have helped you with this information.
de geadresseerde (geadresseerden)	addressee
de belangstelling (belangstellingen)	interest
Notitie	
zakelijke (zakelijk)	business
indelen	to structure
de afzender (afzenders)	sender
de plaatsnaam (plaatsnamen)	city
de kern (kernen)	main point
de formule (formules)	choice of words
de handtekening (handtekeningen)	signature
de bijlage (bijlagen/bijlages)	attachment
11A8	
de klachtenbrief (klachtenbrieven)	letter of complaint
11A8a	
het bankstel (bankstellen)	sofa
de hokjes (het hokje)	boxes
zakken	to sag
door de bank zakken	the sofa has sagged
binnen	within
binnen een week	within a week
de monteur (monteurs)	repairman
repareren	to repair
voorstellen (s.v.)	to suggest
gratis (adv.)	free
de reparatieservice	repair service
de garantie (garanties)	guarantee
garantie hebben op	to have guarantee
11A8b	
de structuur (structuren)	structure
bereiken (met)	to achieve (with)
de aanleiding (aanleidingen)	cause
de geschiedenis	history
11A9a	
per ongeluk	by accident
de postbus (postbussen)	post box
in reactie op	in reaction to
jl. (jongstleden)	last
een voorstel doen	to make a proposition
slechts	only
de kosten	costs
boven de …	exceeding …
de reparatie (reparaties)	reparation
contant (adv.)	cash payment
11A9b	
trekken	to draw
een lijn trekken	to draw a line
de verzoekbrief (verzoekbrieven)	request letter
de informatiebrief (informatiebrieven)	information letter
de sollicitatiebrief (sollicitatiebrieven)	job application letter
een en ander	some or other
toelichten (s.v.)	to explain
bij voorbaat dank	thanks in advance
de medewerking	co-operation

11A10

de bezorgers (de bezorger)	delivery men
binnenlaten (s.v.)	to let inside

Uitdrukking

Door de grond gaan van schaamte.	To cringe in shame.

Deel B

Het nieuws	The news

11B1

Wat vind je van ...?	What do you think about...?

11B1a

Transcriptie

Nigeria	Nigeria
ten eerste	first of all
ten tweede	second of all
dat vind ik niet	I don't agree
de buitenlanders (de buitenlander)	foreigners
irritant	irritating

11B1c

de zinsconstructie (zinsconstructies)	sentence structure
prachtige (prachtig)	beautiful
naar mijn mening	in my opinion
de grammatica	grammar

11B1d

de stellingen (de stelling)	statements
of	if
de zinsvolgorde	sentence structure
de huisdieren (het huisdier)	pets
de stroopwafels (de stroopwafel)	treacle waffle
de kledingstijl (kledingstijlen)	fashion style
modieus	fashionable
de coffeeshops (de coffeeshop)	coffeeshops

11B2

de flauwekul	nonsense

11B2a

het discussieforum (discussieforums/ discussiefora)	Internet forum
discussiëren (over)	to discuss
de toelichting (toelichtingen)	explanation
de allochtonen (de allochtoon)	foreigners
op straat	on the street
eens	agree
oneens	disagree
in opdracht van	by order of
het dagblad (de dagbladen)	newspaper
de pers	journalists
bedreigend	threatening
juist (adv.)	on the contrary
het Berbers	Berber
verplichten	to oblige
te ver gaan	to go too far
communiceren	to communicate

11B2b

het (niet) eens zijn met	to (dis)agree with
de forumbezoekers (de forumbezoeker)	forum visitors
de twijfel (twijfels)	doubt
de wet (wetten)	law
houden	to keep
het ermee eens zijn (dat)	to agree (that)
nu eenmaal	it is the case
moeilijk	difficult

zich ergeren (aan)	to be irritated (about)
stemmen	to vote
tegen stemmen	to vote against
simpel	simple
per se	by all means
de integratie	integration
met z'n allen	all of us
ho maar	no way
aan de ene kant	on the one hand
aan de andere kant	on the other hand
wie heeft bedacht (bedenken)	who ever thought of (to think of)
idiote (idioot)	idiotic
discriminerend	discriminating
grandioze (grandioos)	grand
de onzin	nonsense
sowieso	in any case
respectloos	respectless
verschrikkelijk	horrible
tolerant	tolerant
de politici (de politicus)	politicians
Notitie	
de constructies (de constructie)	stuctures
het er niet mee eens zijn	to disagree with
in combinatie met	in combination with
11B2c	
het argument (argumenten)	argument
instemmen (s.v.)	to agree
niet zeker weten of	to not know for sure
daarnaast	besides
11B3	
hierop	to this
Kopieerblad	
spieken	to cheat
mannelijk	male
het geweld	violence
11B4	
de discussie (discussies)	discussion
een baby krijgen	to have a baby
Kopieerbladen	
rol A t/m D	
uitgeven	to spend
rol E	
observant	observer
discussieleider	discussion leader
observeren	to observe
teveel	too much
corrigeren	to correct
kloppen	to knock
11B5a	
de keus (keuzen/keuzes)	choice
de keus hebben (uit)	to have a choice (between)
avontuurlijke (avontuurlijk)	adventurous
de safari (safari's)	safari
Kenia	Kenya
de apen (de aap)	monkeys
de neushoorns (de neushoorn)	rhinoceros
in het wild	wildlife
de veranda (veranda's)	veranda
de leeuwen (de leeuw)	lions
brullen	to roar
drieweekse (drieweeks)	three-week
de hutten (de hut)	huts
de landrovers (de landrover)	landrovers
dwars door	right across

Australië	Australia
de campingkantine (campingkantines)	campsite canteen
het minikeukentje (minikeukentjes)	kitchenette
de kastelenreis (kastelenreizen)	castle trip
de familiehotels (het familiehotel)	family hotels
de touringcar (touringcars)	coach
de wijnboeren (de wijnboer)	winegrowers
heerlijkste (heerlijkst)	most delicious
de duur	duration
tropisch(e)	tropical
de cocktails (de cocktail)	cocktails
de palmboom (palmbomen)	palm tree
de zonsondergang (zonsondergangen)	sunset
het uitgaansleven	nightlife
vele (veel)	many
de discotheken (de discotheek)	discos
de bars (de bar)	bars
het paradijs (paradijzen)	paradise

11B5b

overtuigen	to convince
het compromis (compromissen)	compromise
tot een compromis komen	to reach a compromise

11B5c

de slaapzak (slaapzakken)	sleeping bag
de zaklamp (zaklampen)	flashlight
het luchtbed (luchtbedden)	inflatable bed
het geweer (geweren)	gun
het touw (touwen)	rope
de hengel (hengels)	fishing rod
de waterflessen (de waterfles)	water bottles
de mp3-speler (mp3-spelers)	MP3 player
de snoepjes (het snoepje)	sweets
opblaasbare (opblaasbaar)	inflatable
de boot (boten)	boat
de zonnebrandolie	sunscreen
de shampoo	shampoo
de tandenborstel (tandenborstels)	toothbrush
de tandpasta	toothpaste
de kam (kammen)	comb
de vitaminepillen (de vitaminepil)	vitamin supplements
de bakolie	cooking oil
de handdoeken (de handdoek)	towels
onbewoond (onbewoonde)	deserted
de wandeltocht (wandeltochten)	hike
u zult (zullen)	you shall
de natuur	nature

11B5e

klassikaal (adv.)	in the class

11B6a

de politiek	politics
de nieuwsonderwerpen (het nieuwsonderwerp)	news items
het weerbericht (weerberichten)	weather forecast

11B6b

de NOS (= de Nederlandse Omroepstichting)	Netherlands Broadcasting Authority
het journaal (journaals)	news
het NOS-journaal	the news
het televisiejournaal (televisiejournaals)	television news
het televisiejournaal werd uitgezonden (uitzenden)	television news was broadcast (to be broadcast)
de uitzendingen (de uitzending)	broadcast
driemaal	three times
de oprichting	founding

in beeld	on television
de nieuwslezer verscheen (verschijnen)	the anchorman appeared (to appear)
vrouwelijke (vrouwelijk)	female
de nieuwslezeres (nieuwslezeressen)	female news anchor
de jeugd	youth
het jeugdjournaal (jeugdjournaals)	youth news
de kijkers (de kijker)	viewers
het jubileum (jubileums/jubilea)	anniversary
de nieuwsrubriek (nieuwsrubrieken)	news item
de presentatrice (presentatrices)	female news anchor
de concurrentie	competition
RTL (= Radio-Télévision Luxembourg)	Radio Television Luxemburg
de programma's (het programma)	television programmes
het net (de netten)	channel
willekeurige (willekeurig)	random
de bulletins (het bulletin)	reports
het bestaan	existance
de nieuwsbulletins (het nieuwsbulletin)	news reports
de gelegenheid (gelegenheden)	opportunity
de oud-nieuwslezers (de oud-nieuwslezer)	ex-anchormen
de NOS zond uit (uitzenden)	the NOS broadcast (to broadcast)
de documentaire (documentaires)	documentary
schitterende (schitterend)	wonderful
het ochtendnieuws	morning news
dit wordt herhaald (herhalen)	this is repeated (to repeat)
de nieuwspresentator (nieuwspresentatoren)	news anchorman
gestart (starten)	started (to start)
het nieuwsoverzicht (nieuwsoverzichten)	news overview
11B7a	
de nieuwsfragmenten (het nieuwsfragment)	news fragments
het onderwerp (onderwerpen)	subject
de fragmenten (het fragment)	fragments
de president (presidenten)	president
de belasting (belastingen)	tax
het verkeer	traffic
Transcriptie	
fragment 1	
de bewolking	clouds
de middagtemperatuur (middagtemperaturen)	afternoon temperature
liggen	to be
de oostenwind	east wind
de noordoostenwind	northeast wind
mogelijk (adv.)	possibly
krachtig	strong
overwegend	mainly
het is droog	it is dry
de wind	wind
zo'n	approximately
fragment 2	
de verkeersinformatie	travel news
de rechterrijstrook (rechterrijstroken)	right lane
de rijstroken (de rijstrook)	lanes
de wegwerkzaamheden	roadwork
het knooppunt (knooppunten)	junction
fragment 3	
het Sinterklaasfeest	feast of Sint Nicholas
belangrijkste (belangrijkst)	most important
de uitkomst (uitkomsten)	result
de enquête (enquêtes)	questionnaire
het centrum (centrums/centra)	centre
de volkscultuur (volksculturen)	folk culture

onder	amongst	
tienduizenden	tens of thousands	
versieren	to decorate	
uit de bus komen	to be the result of the poll	
het carnaval (carnavals)	carnival	
beschuit met muisjes	rusk with aniseed comfits	
de muisjes	aniseed comfits	
de zonnestraal (zonnestralen)	sunray	
de tentoonstelling (tentoonstellingen)	exposition	
ter gelegenheid van	on the occasion of	
11B7b		
de lengte (lengtes/lengten)	length	
de oorzaak (oorzaken)	cause	
de snelwegen (de snelweg)	motorways	
het ongeluk (ongelukken)	accident	
de wegreparaties (de wegreparatie)	road repairs	
mensen zijn geïnterviewd (interviewen)	people were interviewed (to interview)	
haring happen	to eat herring	
Moederdag	Mother's Day	
de paaseieren (het paasei)	Easter eggs	
schaatsen	to ice skate	
het bericht (berichten)	report	
de top 3	top 3	
11B8a		
verstoppen	to hide	
verraden	to betray	
de verbazing	surprise	
tot haar verbazing	to her amazement	
de bezoekster (bezoeksters)	visitor (f)	
arresteren	to arrest	
het slachtoffer (slachtoffers)	victim	
een vrouw is bevallen (van) (bevallen (van))	a woman gave birth to (to give birth (to))	
de zesling (zeslingen)	sixtuplets	
de ouders hielden geheim (geheimhouden)	the parents kept it a secret (to keep secret)	
het geheim (geheimen)	secret	
de bevalling (bevallingen)	childbirth	
in leven (blijven)	to survive	
de keizersnede (keizersneden/keizersnedes)	caesarean	
ze wogen (wegen)	they weighed (to weigh)	
dolgelukkig	absolutely delighted	
dankbaar	thankful	
7-jarige (7-jarig)	7 year old	
echte (echt)	real	
Japanse (Japans)	Japanese	
extreem	extreme	
de man stak (steken)	the man set (to set)	
in brand steken	to set fire to	
de brand (branden)	fire	
melden	to report	
protesteren	to protest	
het plannen	planning of	
de bruiloft (bruiloften)	wedding	
hoewel	although	
de verloofde (verloofdes)	fiancée	
de huwelijksdatum (huwelijksdatums/huwelijksdata)	wedding date	
dichterbij	nearby	
de bijna-bruidegom	nearly-wed groom	
verdacht	suspicious	
hij gedroeg zich (zich gedragen)	he acted (to act)	

gemiddeld (adv.)	on average
Amsterdamse (Amsterdams)	Amsterdam
concluderen	to conclude
de uitrustweek (uitrustweken)	week of rest
de beweging	physical activity
frisse (fris)	fresh
frisse lucht	fresh air
de lucht	air
het dagschema (dagschema's)	daily schedule
Roemeense (Roemeens)	Romanian
dieven hebben teruggebracht (terugbrengen)	thieves returned (to return)
het krantenbericht (krantenberichten)	newspaper article
spijt krijgen	to regret
ze lazen (lezen)	they read (to read)
invalide	invalid
de dieven brachten terug (terugbrengen)	the thieves returned (to return)
lijden (aan)	to suffer (from)
de spierziekte (spierziektes/spierziekten)	muscle disorder
ze heeft teruggekregen (terugkrijgen)	she got back (to get back)

11B8b

dichtdoen	to close
Wie waren erbij?	Who were involved?

11B9

het nieuwsbericht (nieuwsberichten)	news item

Transcriptie

de dierentuin (dierentuinen)	zoo
de gorilla (gorilla's)	gorilla
ontsnappen	to escape
gewond	hurt
gewond raken	to get hurt
de mensenmassa (mensenmassa's)	mass of people
de shock (shocks)	shock
in een shock raken	to go into shock
de rolstoel (rolstoelen)	wheelchair
de paniek	panic
in paniek	to panic
wegduwen	to shove
Bokito heeft gebeten (bijten)	Bokito bit (to bite)
het oogcontact	eye contact
de lieveling (lievelingen)	favourite
de onderzoekers (de onderzoeker)	researchers
gefrustreerd	frustrated
Bokito is gevangen (vangen)	Bokito was captured (to be captured)
het hok (hokken)	cage

Uitdrukking

Geen nieuws, goed nieuws.	No news is good news.

Deel C

Typisch Nederlands?	Typically Dutch?

11C1a

Wat voor weer is het?	What's the weather like?
schijnen	to shine
de zon schijnt	the sun is shining
waaien	to blow
het waait (hard)	the wind is blowing (hard)

Transcriptie

stormen	to storm
de straat opgaan	to go outside
we merken daar niks van	we won't notice anything there

11C2a

het ijzelt (ijzelen)	it is freezing over (to freeze over)

het sneeuwt (sneeuwen)	it is snowing (to snow)
het hagelt (hagelen)	it is hailing (to hail)
het vriest (vriezen)	it is freezing (to freeze)
mistig	foggy
het is mistig	it is foggy
11C2b	
de hagel	hail
Notitie	
heet	hot
stervenskoud	freezing cold
ijskoud	freezing cold
steenkoud	ice cold
waterkoud	cold
snikheet	very hot
stikheet	very hot
bloedheet	very hot
11C3	
Lekker weer(tje), hè?	Lovely weather, isn't it?
11C3a	
de evaluatie (evaluaties)	evaluation
instemmend (adv.)	approving
nou en of	that's right
zeg dat wel	you can say that
daar hebt u gelijk in	you're right
de start	start
de gesprekspartner (gesprekspartners)	person you are talking to
het rotweer	horrible weather
de hitte	heat
de warmte	heat
voorbij (zijn)	(to be) over
het praatje (praatjes)	small talk
een praatje maken	to make small talk
het klimaat (klimaten)	climate
11C3b	
het zonnetje (zonnetjes)	sun
lijken of	to look like
zacht	soft
een stuk ...	a lot
onderhand	by now
de ijzel	freeze over
zweten	to sweat
zich een ongeluk zweten	to sweat profusely
saaie (saai)	boring
verschrikkelijk (adv.)	horribly
benauwd	sultry
11C3c	
de bushalte (bushaltes/bushalten)	bus stop
11C4	
het weertype (weertypen/weertypes)	weather type
11C5a	
trekken	to draw
een lijn trekken	to draw a line
waardoor	for what
het dagboek (dagboeken)	diary
de smurfen (de smurf)	smurfs
de voetbal (voetballen)	football
de kroon (kronen)	crown
11C5b	
aangegeven	indicated
de koning (koningen)	king
het konijntje (konijntjes)	rabbit
afsnijden	to cut off
het elftal (elftallen)	team
het Nederlands elftal	Dutch team

11C6

relatieve (relatief)	relative
de relatieve bijzin	relative clause

11C6a

de sporter (sporters)	athlete

11C6b

de Noordpool	North Pole
de cobra (cobra's)	cobra
het dier (dieren)	animal
de encyclopedie (encyclopedieën)	encyclopaedia

11C7a

eng	scary
dramatisch	dramatic
de kat (katten)	cat
het dierenasiel (dierenasielen)	animal home
de poten (de poot)	paws
alledrie	all three
het nadeel (nadelen)	disadvantage
de tweedehandsauto (tweedehandsauto's)	used car
lekke (lek)	punctured
de banden (de band)	tyres
de tweede heeft gereden (rijden)	the second has driven (to drive)
km (= kilometer)	kilometre
de deuken (de deuk)	dents
de krassen (de kras)	scratches
solliciteren op	to apply for
de zaak (zaken)	company
onverwacht (adv.)	unexpected
het eenpersoonsbed (eenpersoonsbedden)	single bed
drukke (druk)	busy
de dates (de date)	dates

11C7b

het design	design

11C8

Kopieerbladen

groep A

de ex-voetballer (ex-voetballers)	ex-football player
hij won (winnen)	he won (to win)
de prijzen (de prijs)	prizes
EK (= Europees Kampioenschap)	European Championship
het kampioenschap (kampioenschappen)	championship
de Europacup	Europa Cup
de voetballers (de voetballer)	football players
de kampioen	champion
Europees kampioen	European champion
de carrière (carrières)	career
hij begon (beginnen)	he started (to start)
de FIFA (= Fédération Internationale de Football Association)	FIFA
de Wereldvoetbalfederatie	World Football Federation
de spelers (de speler)	players
onder anderen	among others
de portretten (het portret)	portraits
de cd-hoezen (de cd-hoes)	cd covers

groep B

de stijl (stijlen)	style
hij verkocht (verkopen)	he sold (to sell)
psychische (psychisch)	psychiatric
plegen	to commit
zelfmoord plegen	to commit suicide
de eeuw (eeuwen)	century
de Gouden Eeuw	Golden Age

economisch (adv.)	economically
de molenaar (molenaars)	miller
bekendste	most famous
het Rijksmuseum	State Museum
groep C	
Anne Frank leefde (leven)	Anne Frank lived (to live)
joods(e)	Jewish
de joden werden vervolgd (vervolgen)	the Jews were persecuted (to be persecuted)
de joden (de jood)	Jews
zich verstoppen	to hide
de nazi's (de nazi)	Nazis
onderduiken	to go into hiding
de familie zat ondergedoken (onderduiken)	the family went into hiding (to go into hiding)
achterste	back
het achterhuis (achterhuizen)	secret annexe
honderdduizenden	hundreds of thousands
Anne stierf (sterven)	Anne died (to die)
het concentratiekamp (concentratiekampen)	concentration camp
publiceren	to publish
vertalen	to translate
de tekenaar (tekenaars)	illustrator
de kinderboeken (het kinderboek)	children's books
de hoofdpersoon (hoofdpersonen)	main character
het konijn (konijnen)	rabbit
groep D	
de filmregisseur (filmregisseurs)	film director
de regisseur (regisseurs)	director
tot nu toe	up to now
bekeken	watched
Turks(e)	Turkish
Turks fruit	Turkish Delight
verkochte (verkocht)	sold
de bioscoopkaartjes (het bioscoopkaartje)	cinema tickets
nomineren	to nominate
de Oscar	Oscar
financieel (adv.)	financially
succesvol	successful
opleveren (s.v.)	to raise
de dollar (dollars)	dollar
de hulpjes (het hulpje)	helpers
de zwarte Pieten (zwarte Piet)	Black Peters
de schoen zetten	to put your shoe in front of the chimney
de schoorsteen (schoorstenen)	chimney
het paard (paarden)	horse
de Sint	Sint Nicholas
de gedichten (het gedicht)	poems
de surprises (de surprise)	surprise packages
de pepernoten (de pepernoot)	ginger nuts
de chocoladeletters (de chocoladeletter)	chocolate letters
de taaitaai	gingerbread
groep E	
de prins (prinsen)	prince
de prinses (prinsessen)	princess
de componist (componisten)	composer
de producer (producers)	producer
de artiestennaam (artiestennamen)	artist's name
de hit (hits)	hit
het Smurfenlied	smurf song
de stripfiguren (het stripfiguur)	cartoon figures
de platen (de plaat)	records

de haven (havens)	harbour
coveren	to cover
internationaal (adv.)	internationally
de evergreen (evergreens)	evergreen
onder de titel	by the title
Kopieerblad	
de exemplaren (het exemplaar)	copies
Anne Frank is doodgegaan (doodgaan)	Anne Frank died (to die)
Engelstalige (Engelstalig)	English
hij bracht op (opbrengen)	he raised (to raise)
11C9	
typisch (adv.)	typically
11C9b	
de trouw	loyalty
de identiteit (identiteiten)	identity
alfabetische (alfabetisch)	alphabetical
plakken	to glue
verbeteren	to correct
onthouden	to remember
citeren	to cite
(niet) tellen	to (not) count
de eerste (eersten)	first
als eerste	to be the first
Kopieerblad	
de bloemlezing (bloemlezingen)	anthology
de abortusregeling (abortusregelingen)	abortion policy
de bruine boterhammen (de bruine boterham)	brown bread slices
de chocomel	chocolate milk
de snert	pea soup
de euthanasie	euthanasia
de Gouden Koets	golden carriage
het homohuwelijk (homohuwelijken)	same-sex marriage
de klompen (de klomp)	clogs
de kroket (kroketten)	croquette
Madurodam	Madurodam
de nasibal (nasiballen)	fried-rice ball
Prinsjesdag	day of the princes
de seksshops (de seksshop)	sex shops
de tulpen (de tulp)	tulips
het Wilhelmus	Wilhelmus national anthem
11C9c	
de uitleg	explanation
uitleg vragen	to ask for an explanation
11C10	
de quiz (quizzen)	quiz
de quizvragen (de quizvraag)	quiz questions
Kopieerblad	
de snacks (de snack)	snacks
de vlag (vlaggen)	flag
de provincies (de provincie)	provinces
populairste	most popular
de migrantengroepen (de migrantengroep)	migration groups
Uitdrukking	
Na regen komt zonneschijn.	Every cloud has a silver lining.
Uitspraak	
ritme is besproken (bespreken)	rhythm has been dealt with (to deal with)
bepaald(e)	certain
hierdoor	because of this
Overzicht	
de herhaling (herhalingen)	repetition

Hoofdstuk 12

Weet jij al wat je gaat doen? — Do you know what you are going to do?

Deel A

Studeren, studeren, studeren — Studying all day

12A1	
het schoolsysteem (schoolsystemen)	education system
12A1a	
de arbeidsmarkt	labour market
de master (masters)	master
de bachelor (bachelors)	bachelor
de basisschool (basisscholen)	primary school
de leerplicht	compulsory education
primair(e)	primary
primair onderwijs	primary education
het beroepsdiploma (beroepsdiploma's)	vocational diploma
een diploma halen	to get a diploma
doorlopen	to go through
opeenvolgende (opeenvolgend)	consecutive
het voortgezet onderwijs	secondary education
laagste	lowest
het beroepsonderwijs	vocational education
respectievelijk (adv.)	respectively
reguliere (regulier)	regular
de vakken (het vak)	subjects
de wiskunde	maths
het Grieks	Greek
het Latijn	Latin
de vervolgopleiding (vervolgopleidingen)	vocational and adult education
de fase (fases/fasen)	stage
het vmbo-diploma (vmbo-diploma's)	pre-vocational secondary education diploma
de masterstudie (masterstudies)	master studies
12A1b	
op school zitten	to attend school
het diploma (diploma's)	diploma
slagen (voor)	to pass
de beroepsopleiding (beroepsopleidingen)	vocational education
12A2a	
examen doen	to do exams/finals
Transcriptie	
dialoog 1	
het eindexamen (eindexamens)	finals
superblij	very happy
zakken	to fail
de teleurstelling (teleurstellingen)	disappointment
het herexamen (herexamens)	resit
balen	to be disappointed
ik baal ontzettend	I am really disappointed
echt balen!	really disappointed
niks aan te doen	it cannot be helped
volgende keer beter	more luck next time
twijfelen	to doubt
het voordeel (voordelen)	advantage
dialoog 2	
Hoe is je examen gegaan?	How did your exam go?
de opluchting	relief
een feestje vieren	to celebrate
Ik heb het helemaal gehad met school.	I've had it with school.
Ik zie wel.	I'll wait and see.
de schoenwinkel (schoenwinkels)	shoe store
het magazijn (magazijnen)	storage

12A4	
studeren aan de universiteit	to study at university
12A5a	
het talencentrum (talencentrums/ talencentra)	language centre
de vergadering (vergaderingen)	meeting
onderwijs volgen	to go to school
de school heeft ontslagen (ontslaan)	the school fired (to fire)
Transcriptie	
het woord geven aan	to allow someone to speak
het instituut (instituten)	institute
de lerarenopleiding (lerarenopleidingen)	teacher education
overstappen (s.v.)	to switch
achter elkaar	after each other
binnenlopen (s.v.)	to walk in
12A6a	
het contrast (contrasten)	contrast
12A6b	
geen enkele (geen enkel)	not one
gelukkig	happy
het fotomodel (fotomodellen)	model
de politieman (politiemannen)	policeman
12A6c	
gek	odd
het gek vinden	to find it odd
dromen	to dream
12A7a	
het casino (casino's)	casino
het privéleven (privélevens)	private life
contact hebben met	to have contact with
12A7b	
gemotiveerd	motivated
12A9	
erboven	on top of
verstoppertje spelen	to play hide-and-seek
het plein (pleinen)	schoolyard
op het plein	down by the schoolyard
de dromen (de droom)	dreams
de held (helden)	hero
de meester (meesters)	teacher
de huisvrouw (huisvrouwen)	housewife
geduldig (adv.)	patiently
het rapport (rapporten)	report card
vol (met)	full (of)
de leugens (de leugen)	lies
volwassen	adult
geen donder snappen van	to not understand
de meesten	most
wie niet weg is, is gezien	ready or not here I come
de chaos	chaos
bang maken	to scare
Mag het licht aan?	Can I switch on the light?
de waarheid (waarheden)	truth
Uitdrukking	
Iemand de les lezen.	To tell someone off.

Deel B

Aan het werk!	Let's get down to work!
12B1a	
de visser (vissers)	fisherman
m (= mannelijk)	male
v (= vrouwelijk)	female
de huisman (huismannen)	house-husband

de politica (politica's)	politician (f)	
de postbode (postbodes)	postman	
de fietsenmaker (fietsenmakers)	bicycle repairman	
de conducteur (conducteurs)	train guard	
de conductrice (conductrices)	train guard (f)	
de brandweerman (brandweermannen)	firefighter	
de brandweervrouw (brandweervrouwen)	firefighter (f)	
de vuilnisman (vuilnismannen)	bin collector	
de opticien (opticiens)	optician	
de steward (stewards)	flight attendant (m)	
de stewardess (stewardessen)	flight attendant (f)	
de politieagente (politieagentes)	policewoman	
Transcriptie		
het café-restaurant (café-restaurants)	pub and restaurant	
de fulltimebaan (fulltimebanen)	full-time job	
de uitdaging (uitdagingen)	challenge	
de minister (ministers)	Minister	
de minister van Financiën	Finance Minister	
de financiën	finances	
vergaderen	to have a meeting	
politieke (politiek)	political	
de politieke partij	political party	
de adviseurs (de adviseur)	consultants	
tillen	to lift	
fluiten	to whistle	
agressieve (agressief)	aggressive	
de reizigers (de reiziger)	travellers	
tegenkomen (s.v.)	to encounter	
lekke (lek)	punctured	
de lekke band	punctured tyre	
plakken	to repair	
de band plakken	to repair a puncture	
verwisselen	to change	
de uitvinding (uitvindingen)	invention	
de transportmiddelen (het transportmiddel)	means of transport	
sorteren	to sort	
rondbrengen (s.v.)	to deliver	
de post rondbrengen	to deliver post	
het pensioen (pensioenen)	retirement	
meerijden (s.v.)	to drive with	
dronken	drunken	
de passagiers (de passagier)	passengers	
de zonnebrillen (de zonnebril)	sunglasses	
de contactlenzen (de contactlens)	contact lenses	
verlaten	to leave	
het varkensvlees	pork	
de kip (kippen)	chicken	
de stethoscoop (stethoscopen)	stethoscope	
weinig(e)	little	
de criminelen (de crimineel)	criminals	
haast hebben	to be in a hurry	
de sirene (sirenes)	siren	
het pistool (pistolen)	firearm	
Duitse (Duits)	German	
Duitse les	German lesson	
12B1d		
laag	low	
de hersens	brain	
uit bed komen	to get out of bed	
12B2a		
over van alles praten	to talk about everything	
benieuwd zijn (naar)	to be curious (about)	
gepost op	posted on	

de bankrekening (bankrekeningen)	bank account
uit huis gaan	to leave home
12B3	
het uitdrukken	to express
variëren	to vary
12B5	
de hoofdrol (hoofdrollen)	main role
de filmster (filmsterren)	actress/actor
live	live
gedachten lezen	to read the mind of
12B6a	
het personeelsblad (personeelsbladen)	staff magazine
op de fiets stappen	to get on a bicycle
het kantoor (kantoren)	office
de lichten (het licht)	lights
aandoen (s.v.)	to switch on
het licht aandoen	to switch on the lights
vervolgens	after that
de postkamer (postkamers)	post room
koffiezetten (s.v.)	to make coffee
theezetten (s.v.)	to make tea
de telefoondienst (telefoondiensten)	telephone duties
de koffiepauze (koffiepauzes)	coffee break
overnemen (s.v.)	to take over
verwerken	to sort the post
kopiëren	to copy
de administratie	administration
de postvakjes (het postvakje)	pigeon-holes
de managers (de manager)	managers
de lunchpauze (lunchpauzes)	lunch break
besteden	to spend
de kantine (kantines)	canteen
typen	to type
de notulen	minutes
de mails (de mail)	emails
de kantoorartikelen (het kantoorartikel)	office supplies
afsluiten (s.v.)	to close
dat hoort erbij	that is part of it
lastig	difficult
zware (zwaar)	heavy
de pakketten (het pakket)	packages
privé	private
de vakantiedagen (de vakantiedag)	free days
op krijgen	to finish
12B8a	

Kopieerblad	
de beroepenbingo	professions bingo
vreemde (vreemd)	foreign
vreemde talen	foreign languages
horizontaal	horizontally
verticaal	vertically
diagonaal	diagonally
de lijn (lijnen)	line
de bingo	bingo
bespelen	to play
een instrument bespelen	to play an instrument
huishoudelijk(e)	house
huishoudelijk werk	housework
telefoneren	to telephone
leidinggevende (leidinggevend)	manager
produceren	to produce
doden	to kill

12B8b

oppassen (s.v.)	to watch out
Pas op!	Watch out!
fout	wrong
de ronde (rondes/ronden)	round
wie heeft gewonnen (winnen)	who won (to win)

12B9

Kopieerblad

plastische (plastisch)	plastic
plastische chirurgie	plastic surgery
de chirurgie	surgery
ze is afgewezen (afwijzen)	she was rejected (to be rejected)
Chinese (Chinees)	Chinese
de kliniek (klinieken)	clinic

Uitdrukking

Vele handen maken licht werk.	Many hands make light work.

Deel C

In de praktijk	In practice

12C1

stagelopen	to do practical work
de stage (stages)	practical work
ervaren	to experience
de theorie (theorieën)	theory
de praktijk	practice
in de praktijk	in practice

12C1a

Zweedse (Zweeds)	Swedish
maatschappelijke (maatschappelijk)	social
de vorming	studies
Cultureel maatschappelijke vorming	socio-cultural studies
de buitenlandervaring	foreign experience
het jongerencentrum (jongerencentrums/ jongerencentra)	youth centre
de stageplaats (stageplaatsen)	practical work
de stagebegeleider (stagebegeleiders)	practical work assessor
de sportevenementen (het sportevenement)	sports events
de jongeren (de jongere)	youth
het mooie (aan)	the nice part (about)
de huisvesting	housing accomodation
de universiteitscampus (universiteitscampussen)	university campus
de campus (campussen)	campus
aanraden	to recommend
acclimatiseren	to get used to
van waaruit	from which
redelijk	reasonably
het volk (volken/volkeren)	people
gek	crazy
totdat	until
de staatswinkels (de staatswinkel)	government shops
scherp	sharp
losgaan (s.v.)	to let yourself go
uiteindelijk	in the end
contact maken met	to make contact with
de studietijd	study days
de wereld overgaan (s.v.)	to go around the world
opstarten (s.v.)	to start up
het terrein (terreinen)	grounds
op het terrein	on the grounds
gewend zijn	to be used to

de alcoholverkoop	alcohol sales
spijt hebben	to regret
warmer(e)	warmer
12C1b	
het gedeelte (gedeeltes/gedeelten)	part
het synoniem (synoniemen)	synonym
de praktijkervaring	practical experience
de woonruimte (woonruimtes)	living space
wennen	to get used to
de kroeg (kroegen)	pub
het alcoholgebruik	alcohol use
streng	strict
12C2a	
de decaan (decanen)	student counsellor
de stageplek (stageplekken)	practical work
Transcriptie	
de stagesites (de stagesite)	sites for practical work
12C2b	
het gebod (geboden)	commandment
12C3	
afvallen	to lose weight
e-mailen	to email
de computercursus (computercursussen)	computer course
de stagiaire (stagiaires)	practical worker
12C5	
het volwassenenonderwijs	adult education
de regio (regio's)	region
de onderwijsafdelingen (de onderwijsafdeling)	education department
Kopieerblad	
Cursist A	
de werkzaamheden	work
de stagevergoeding (stagevergoedingen)	wages for practical work
de reiskostenvergoeding (reiskostenvergoedingen)	travel expenses
de HBO-opleiding (HBO-opleidingen)	higher vocational education
Cursist B	
de hbo'ers (de hbo'er)	higher vocational education students
afhankelijk van	depending on
de wo'ers (de wo'er)	university students
het lesmateriaal (lesmaterialen)	course material
ordenen	to order
de helpdesk (helpdesks)	helpdesk
het studiecentrum (de studiecentrums/studiecentra)	study centre
de informatiebalie (informatiebalies)	information desk
werkelijke (werkelijk)	actual
de kosten worden vergoed (vergoeden)	the costs will be refunded (to refund)
12C6	
statistische (statistisch)	statistic
statistische figuur	statistics chart
de figuur (figuren)	chart
12C6a	
de grafiek (grafieken)	graph
het cirkeldiagram (cirkeldiagrammen)	pie chart
het percentage (percentages)	percentage
vrijwillige (vrijwillig)	voluntary
onderzoek doen	to do research
het stagelopen (s.v.)	to do practical work

blijken (uit)	to show	
uit onderzoek blijkt (dat)	research shows	
het onderdeel (onderdelen)	part	
12C7a		
de studentenpopulatie (studentenpopulaties)	student population	
Transcriptie		
dalen (tot)	to go down (to)	
het dieptepunt (dieptepunten)	to hit rock bottom	
de studentenpopulatie steeg (tot) (stijgen (tot))	the amount of students increased (to) (to increase to)	
lichte (licht)	slight	
de daling (dalingen)	decrease	
het aantal is toegenomen (toenemen)	the number increased (to increase)	
de toename	increase	
12C7b		
het aantal is gestegen (tot) (stijgen (tot))	the number increased (to) (to increase (to))	
de stijging (stijgingen)	increase	
het aantal is afgenomen (afnemen)	the number decreased (to decrease)	
de afname	decreased (to decrease)	
12C7c		
gelijk blijven	to remain the same	
constant	constant	
constant blijven	to remain constant	
nam af (afnemen)	decreased (to decrease)	
nam toe (toenemen)	increased (to increase)	
12C8		
u hebt beschreven (beschrijven)	you described (to describe)	
Uitdrukking		
Je moet onder aan de ladder beginnen.	You have to start at the bottom of the ladder.	
Uitspraak		
de aspecten (het aspect)	aspects	
beluisteren	to listen to	

Alfabetische woordenlijst

Uitleg alfabetische woordenlijst

In deze lijst staan de woorden die u in het tekstboek ziet. Het is een lijst om de betekenis van woorden in op te zoeken. Alle woorden in de lijst zijn leerwoorden. De woorden staan in alfabetische volgorde.

Let op:

Verba
- Verba staan als infinitief in de lijst.
  Bijvoorbeeld: aanbieden
- Er staan geen vervoegingen in de lijst.
  Het perfectum of imperfectum van een verbum staat ook niet in deze lijst.
- Als een verbum reflexief is, dan staat 'zich' tussen haakjes ( ) voor het verbum.
  Bijvoorbeeld: (zich) bevinden
- Als een verbum voorkomt met een prepositie, dan staan de preposities tussen haakjes ( ) achter het verbum.
  Bijvoorbeeld: bereiken (met)

Substantieven
- Substantieven staan in principe in de singularisvorm in de lijst, tenzij de pluralisvorm gebruikelijker is.
  Bijvoorbeeld: buren, de
- Het artikel staat achter het substantief.
  Bijvoorbeeld: bedrag, het
- Diminutieven staan alleen in de lijst als deze vorm gebruikelijker is dan de vorm zonder -je.
  Bijvoorbeeld: meisje, het
  Of als de diminutief iets toevoegt aan de betekenis.
  Bijvoorbeeld: ijsje, het

Adjectieven
- Adjectieven staan in hun basisvorm in de lijst, dus zonder -e.
  Bijvoorbeeld: bekend

Explanation alphabetical word list

This list includes words which can be found in the textbook. It is a list of definitions of the words which can be used as reference. You must memorize the words in the list. The words are in alphabetical order.

Please note:

Verbs
- Verbs are listed in their infinitive.
  e.g. aanbieden to offer
- The verbs are not conjugated. The present perfect tense and simple past tense are not included in the list.
- A reflexive verb is preceded by 'zich' in Dutch.
  e.g. (zich) bevinden to be
- Verb and preposition combinations include the preposition in parentheses after the verb.
  e.g. bereiken (met) to achieve (with)

Nouns
- Nouns are listed in their singular form unless the plural form is more common.
  e.g. buren, de neighbours
- The definite article is listed after the noun in Dutch.
  e.g. bedrag, het amount
- Diminutives are only included in the word list if this form is used more with the diminutive than without.
  e.g. meisje, het girl
- Diminutives are also included when the meaning of the word becomes clearer.
  e.g. ijsje, het ice cream

Adjectives
- Adjectives in Dutch are listed using the basic form without an "e".
  e.g. bekend known

Nederlands	Engels	Eigen taal
A		
aan	at	
aan de andere kant	on the other hand	
aan de beurt zijn	it is your turn	
aan de ene kant	on the one hand	
aan de hand zijn	something is wrong	
aan de slag gaan	get going	
aan het werk zijn	to be at work	
aanbieden	to offer	
aanbieding, de	special offer	
aandoen	to switch on	
aangenaam	pleasure	
(zich) aankleden	to dress	
aankomen	to arrive	
aanleiding, de	cause	
aanleiding geven (tot)	to cause	
aanstaande	next	
aantal, het	amount	
aantrekken	to wear	
aanvragen	to request	
aanwezig	present	
aanwijzen	to point out	
aardappel, de	potato	
aardig	nice	
absoluut	absolutely	
achter	behind	
achtergrond, de	background	
achterin	in the back	
achternaam, de	last name	
achteruit	back	
acteur, de	actor	
actie, de	activity	
activiteit, de	activity	
adres, het	address	
advies, het	advice	
op advies van	after consulting	
advies geven	to give advice	
advies vragen	to ask advice	
af en toe	once in a while	
afdeling, de	section	
afgelopen	last	
afhangen van	to depend on	
afhankelijk van	depending on	
afkomen van	to get rid of	
aflopen	to finish; to walk down	
afnemen	to decrease	
afrekenen	to pay	
afscheid, het	goodbye	
afscheid nemen	saying goodbye	
afsluiten	to take	
afspraak, de	appointment	
een afspraak maken	to make an appointment	
afspreken	to meet (up)	
afstand, de	distance	
afwachten	to wait	
agenda, de	timetable	
al, alle	all	
al (adv.)	already	
alfabet, het	alphabet	
algemeen	general	
in het algemeen	in general	
over het algemeen	in general	

allebei	both
alleen (adv.)	only
alleen	alone
allemaal	all of you
allerlei	various
alles	everything
als	as
als	when
alsjeblieft	please
alsof	as if
alstublieft	please
altijd	always
alweer	again
ambtenaar, de	public servant
ander	other
anderhalf	one and a half
anders (adv.)	otherwise
anders	different
antwoord, het	answer
antwoord geven (op)	to answer
antwoorden	to answer
apart	separate
apotheek, de	chemist
apparaat, het	machine
appel, de	apple
april	April
arm, de	arm
artikel, het	article
arts, de	doctor
augustus	August
auto, de	car
autorijden	to drive a car
avond, de	evening
avondeten	to have dinner
avondeten, het	dinner
B	
baan, de	job
baard, de	beard
baas, de	boss
baby, de	baby
badkamer, de	bathroom
bagage, de	luggage
bakker, de	baker
bal, de	ball
band, de	tyre
bang	afraid
bang zijn (voor)	to be afraid of
bank, de	bank; sofa
basis, de	basis
op basis van	based on
beantwoorden	to answer
bed, het	bed
naar bed gaan	to go to bed
bedanken	to thank
bedankt	thank you
bedenken	to think of
bedienen	to operate
bedoelen	to mean
bedrag, het	amount
bedragen	to amount
bedrijf, het	company
beeld, het	picture
been, het	leg
een beetje	a bit

begin, het	beginning
beginnen	to start, to begin
begrijpelijk	understandable
begrijpen	to understand
begroeten	to greet
behalve	except
behoorlijk	considerably
beide	both
bekend	known
bekend staan als	to be known as
bekende, de	known
bekijken	to look at
belachelijk	ridiculous
belangrijk	important
belangstelling, de	interest
belasting, de	tax
beleefd	polite
bellen	to call, to phone
beloven	to promise
beneden	down
bepaald	certain
bepalen	determine
bereid zijn (om)	to be willing (to)
bereiken (met)	to achieve (with)
berg, de	mountain
bericht, het	report
beroemd	famous
beroep, het	profession
beschikbaar	available
beschrijven	to describe
beslissen	to decide
beslissing, de	decision
besluiten	to decide
bespreken	to discuss
best	pretty
best, beste	best; dear
bestaan	to exist
bestaan, het	existance
bestaan uit	to consist of
besteden (aan)	to spend (on)
bestellen	to order
betalen	to pay
betekenen	to mean
betekenis, de	meaning
beterschap	get well soon
betreft	concerning
beurs, de	scholarship
beurt, de	turn
Wie is er aan de beurt?	Whose turn is it?
bevallen	to suit
bevallen (van)	to give birth (to)
bevatten	to contain
(zich) bevinden	to be
bevolking, de	population
bewaren	to keep
bewegen	to exercise
beweging, de	physical activity
bewijzen	to prove
bewoner, de	housemate
bewust	conscious
bezig zijn (met)	to be doing something
bezoek, het	visit
op bezoek gaan (bij)	to visit
bezoeken	to visit

bieden	to offer
bij	at; with
bijna	nearly
bijvoorbeeld	for example
bijzonder	special
billen, de	rear end
binnen	within; belonging to
binnenkomen	to come in
bioscoop, de	cinema
bitter	bitter
blank	light
blauw	blue
blij	happy
blijken (uit)	to show
blijven	to stay, to keep
blijven liggen	to stay in bed
blik, de	look
blik, het	can
bloes, de	blouse
blouse, de	blouse
boek, het	book
boerderij, de	farmhouse
boodschap, de	shopping
boodschappen doen	to do the shopping
boos	angry
boot, de	boat
bord, het	blackboard; plate
bos, de	bunch
bos, het	forest
boter, de	butter
boterham, de	slice of bread
bouwen	build
boven	top, upstairs, on top of
boven de ...	exceeding ...
bovendien	also
brand, de	fire
in brand steken	to set fire to
breed	large
breken	to break
brengen	to bring
brief, de	letter
bril, de	glasses
broek, de	trousers
broer, de	brother
brommer, de	moped
brood, het	bread
broodje, het	bun
brug, de	bridge
bruin	brown
bruinbrood, het	brown bread
buik, de	stomach
buiten	outside
buitenland, het	abroad
buitenlands	foreign
buitenzetten	to put outside
bureau, het	desk
buren, de	neighbours
bus, de	coach
buurt, de	neighbourhood
in de buurt (van)	in the neighbourhood

C

cadeau, het	present
café, het	pub
caravan, de	caravan

cent, de	cent
centraal	central
centrum, het	centre; city centre
chatten	to chat
chauffeur, de	driver
chef, de	boss
christelijk	Christian
circa	approximately
club, de	club
collega, de	colleague
college, het	lecture
computer, de	computer
computeren	to computer
contact, het	contact
in contact komen met	to contact
contact hebben met	to have contact with
cultuur, de	culture
cursist, de	student
cursus, de	course

D

daar	there
daarachter	behind that
daarbij	with that
daarin	in it
daarna	then
daarom	that is why
daarop	to that
daarvan	of which
dag	hello; bye
dag, de	day
dagelijks	daily
dak, het	roof
dalen (tot)	to go down (to)
dame, de	lady
dan	then
dank je wel	thank you
dank u wel	thank you
dankbaar	thankful
dansen	to dance
das, de	shawl
dat	that
datum, de	date
de	the
december	December
deel, het	part
deelnemen (aan)	to participate (in)
delen	to share
denken	to think
detail, het	detail
deur, de	door
deze	these
dezelfde	the same
dicht	closed
dicht bij	close to
dicht gaan	to close
dichtbij	close by
dichtdoen	to close
die	who; that/which; it
dief, de	thief
dienen	should
dienst, de	shift
diep	long
dier, het	animal
dik	fat

ding, het	thing
dinsdag	Tuesday
diploma, het	diploma
een diploma halen	to get a diploma
direct	immediately
directeur, de	director
disco, de	disco
discussie, de	discussion
dit	this
docent, de	teacher
dochter, de	daughter
doden	to kill
doei	see ya
doel, het	objective
doen	to do
dokter, de	doctor
dol zijn op	to love
dom	silly
donderdag	Thursday
donker	dark
dood, de	death
dood zijn	to be dead
door	because of; by; through
doordeweeks	during the week
doorgaan	to continue
doorlopen	to go through
doos, de	box
dorp, het	village
dorst, de	thirst
dorst hebben	to be thirsty
douche, de	shower
een douche nemen	to take a shower
douchen	to shower
draaien	to dial
dragen	to wear
drinken	to drink
droog	dry
droom, de	dream
druk	busy
het druk hebben	to be busy
dubbel	double
duidelijk	clear
dun	thin
duren	to take
durven	to dare
dus	so; therefore
duur	expensive

E

e-mailadres, het	email address
echt	real
echt (adv.)	really
echt waar?	really?
economie, de	economy
economisch	economically
een	a(n); one
eens	agree
het er niet mee eens zijn	to disagree
het niet eens zijn met	to disagree with
het ermee eens zijn	to agree
eenvoudig	simple
eenzaam	lonely
eerder	earlier; before
eergisteren	day before yesterday
eerlijk	honest

eerst	first
eeuw, de	century
ei, het	egg
eigen	own
eigenlijk	actually
eiland, het	island
eind(e), het	end
eindelijk	finally
eindigen (op)	to end (on)
eis, de	requirement
element, het	element
elk	every
elkaar	each other
en	and
enig	only
enkel	some
enorm	tremendously
er	there
erg	terrible
erg (adv.)	very
ergens	somewhere
erkennen	to acknowledge
ermee	with it
ernstig	seriously
eruitzien	to look
ervaren	to experience
ervaren	experienced
ervaring, de	experience
eten	to eat
eten, het	food
etentje, het	dinner
euro, de	euro
eurocent, de	euro cent
Europa	Europe
even	–
eventueel	eventually
examen, het	exam
extra	extra

F

familie, de	family
favoriet	favourite
februari	February
feest, het	party
fel	bright
fiets, de	bicycle
figuur, de	chart
fijn	nice, great
file, de	traffic jam
film, de	film
financieel	financially
fitness, de	fitness
flat, de	apartment; apartment building
flauw	silly
flauw doen	to be silly
fles, de	bottle
formulier, het	form
foto, de	picture
fout, de	mistake
frietje, het	French fry
fris	fresh
fruit, het	fruit
functie, de	function

G

gaan	to go; to ring

gaan om	to be about
gang, de	hall
garage,de	garage
gas, het	gas
gast, de	guest
gat, het	hole
gauw	soon
geacht	dear
gebak, het	pastry
gebeuren	to happen
gebied, het	field
op het gebied van	in the area of
geboortedatum, de	date of birth
geboortejaar, het	birth year
geboren zijn	to be born
gebouw, het	building
gebruik, het	usage; custom
gebruiken	to use
gedachte, de	thinking about
gedeeld door	divided by
gedurende	during
geel	yellow
geen	no
gefeliciteerd	congratulations
gegevens, de	data
geheel, het	complete
geheim, het	secret
geïnteresseerd	interested
geïnteresseerd zijn (in)	to be interested (in)
gek	odd; crazy
gek zijn op	to love
geld, het	money
gelden	to be valid
gelegenheid, de	opportunity
ter gelegenheid van	on the occasion of
gelijk hebben	to be right
geloof, het	faith
geloven	to think
geluk, het	luck
geluk hebben	to be lucky
gelukkig (adv.)	luckily; fortunately
gelukkig	happy
gemakkelijk	easy
gemeenschappelijk	shared
gemeente, de	*city*
gemeentehuis, het	city hall
genieten (van)	to enjoy
genoeg	enough
genoeg hebben van	to have had enough
gerust	set your mind at rest
geschiedenis, de	history
geschikt	suitable
geslaagd zijn	to pass
gesprek, het	conversation
een gesprek voeren	to have a conversation
getal, het	number
gevaarlijk	dangerous
geval, het	case
in ieder geval	in any case
geven	to give
gevoel, het	sense
gevolg, het	consequence
geweld, het	violence
geweldig	wonderful

gewend zijn	to be used to
gewicht, het	measure of weights
gewoon	just
gewoon	common
gewoonte, de	custom
gezakt zijn	to fail
gezellig	cosy
gezellig	how nice, enjoy
gezicht, het	face
gezin, het	family
gezond	healthy
gezondheid, de	health
gisteravond	yesterday evening
gisteren	yesterday
glas, het	glass
goed	good
goed (adv.)	well
goedemiddag	good afternoon
goedemorgen	good morning
goedenacht	good night
goedenavond	good evening
goedkoop	cheap
gooien	to throw
gordijn, het	curtain
goud, het	gold
graag	would like
graag gedaan	you're welcome
gram, het/de	gram
gratis	free
grijs	grey
groeien	to grow
groen	green
groente, de	vegetable
groenteboer, de	greengrocer
groep, de	group
groet, de	say hello
de groeten doen	to say hello
grond, de	floor
groot	large, big
H	
haar	her
haar, het	hair
haast hebben	to be in a hurry
(zich) haasten	to hurry
halen	to fetch
half	thirty
hallo	hello
ham, de	ham
hand, de	hand
hangen	to hang
hard	fast; hard; tough
hart, het	heart
hartelijk	sincere
hebben	to have
heel	very
heer, de	gentleman
heerlijk	delicious
heersen	to rule
heet	hot
hek, het	gate
helaas	unfortunately
heleboel	a lot
helemaal	all the way
helemaal niet	not at all

helft, de	half
helpen	to help
hem	him; it
hen	them
herfst, de	autumn
herhalen	to repeat
(zich) herinneren	to remember
herinnering, de	memory
herkennen	to recognize
het	the; it
heten	(my/her...) name is
hetzelfde	same
hier	here
hierbij	with this
hierdoor	because of this
hiermee	with this information
hierna	after this
hierop	to this
hiervoor	for this
hij	he
hobby, de	hobby
hoe	how; what
hoed, de	hat
hoek, de	corner
hoelang	how long
hoeveel	how many, how much
hoeveelheid, de	amount
hoeven	to have to
hoever	how far
hoewel	although
hoezo	why do you ask?
hoi	hi
hond, de	dog
honger, de	hunger
honger hebben	to be hungry
hoofd, het	head
hoofdstad, de	capital city
hoog	high
hopen	to hope
horen	to hear
hotel, het	hotel
houden	to keep
houden van	to love
houding, de	position
hout, het	wood
huilen	to cry
huis, het	house
huisarts, de	General Practitioner (GP)
huishouden, het	housekeeping
huisnummer, het	house number
huiswerk, het	homework
hulp, de	help
om hulp vragen	to ask for help
humor, de	humour
hun	their; them
hut, de	hut
huur, de	rent
huwelijk, het	anniversary; wedding

I

ideaal	ideal
idee, het	idea
identiteitskaart, de	identity card
ieder	every
iedereen	everyone

iemand	someone
iets	something
ijs(je), het	ice cream
ijzer, het	iron
ik	I
in	in
inderdaad	indeed
indien	if
individueel	individual
informatie, de	information
informeren (naar)	to ask about
ingang, de	entrance
inhouden	to involve
innemen	to take
inschrijfformulier, het	institute
instelling, de	attitude
instrument, het	instrument
interessant	interesting
(zich) interesseren (voor)	to be interested (in)
internationaal	international; internationally
internet, het	internet
invloed, de	influence
invoeren	to establish
inwoner, de	inhabitant

J

ja	yes
jaar, het	year
jaartal, het	year
jammer	too bad
januari	January
jarig zijn	have a birthday
jas, de	overcoat
jasje, het	jacket
jawel	yes
jazeker	of course
je	you; your
jeugd, de	youth
jij	you
jong	young
jongen, de	boy
jou	you
journalist, de	journalist
jouw	your
juist	correct
juist	on the contrary
juli	July
jullie	you; your
juni	June
jurk, de	dress

K

kaart, de	postcard; card; ticket
kaartje, het	ticket
kaas, de	cheese
kalender, de	calendar
kamer, de	room
kans, de	possibility
kant, de	direction
kantoor, het	office
kapot	broken
kapper, de	hairdresser
karakter, het	personality
kassa, de	cash point
kast, de	closet
kat, de	cat

katholiek, de	Catholic
keel, de	throat
keer	times
keer, de	time
kelder, de	cellar
kennen	to know
kennis, de	knowledge
kennismaken (met)	to meet
kerk, de	church
keuken, de	kitchen
keus, de	choice
de keus hebben (uit)	to have a choice (between)
keuze, de	choice
kiezen	to choose
kijken (naar)	to look at
kilo, de/het	kilogram
kilometer, de	kilometre
kind, het	child
kip, de	chicken
klaar	ready, finished
klaar zijn (met)	to be finished with
klagen	to complain
klant, de	client
klas, de	class
kleden	to dress
klein	short; small
kleren, de	clothes
kleur, de	colour
klimaat, het	climate
klinken	to sound
klok, de	clock
klokkijken	to tell time
kloppen	to be right
knap	handsome
knie, de	knee
koek, de	biscuit
koekje, het	biscuit
koelkast, de	refrigerator
koffer, de	suitcase
koffie, de	coffee
kok, de	cook
koken	to cook
komen (uit)	to come from
koning, de	king
koningin, de	queen
kop, de	cup
kopen	to buy
kopje, het	cup
kort	short
kosten	to be
kosten, de	costs
koud	cold
het koud hebben	to be cold
kous, de	stocking
kraan, de	tap
krachtig	strong
krant, de	newspaper
krijgen	to get
kruispunt, het	crossing
kunnen	can, could
kunst, de	art
kunstenaar, de	artist
kus, de	kiss
kust, de	coast

kwaad	angry
(geen) kwaad kunnen	can(not) hurt
kwaliteit, de	quality
kwart, het	quarter
kwartier, het	quarter
kwijt zijn	to lose

L

laag	low
laars, de	boot
laat	late
laatst	last
lachen	laugh
lamp, de	lamp
land, het	country
lang	long; tall
lang geleden	been some time
langs	along
langsgaan	to drop by
last hebben van	something is bothering me
laten	to leave
laten zien	to show
later	later
lawaai, het	noise
leeftijd, de	age
leeg	empty
leer, het	leather
leerling, de	student
leggen	to lay (down)
legitimatiebewijs, het	identity papers
lekker	nice, good
lelijk	ugly
lenen	to borrow
lente, de	spring
lepel, de	spoon
leraar, de	teacher (m)
leren	to learn
les, de	lesson
letter, de	letter
leuk	nice
leven	to live
leven, het	life
lezen	to read
lichaam, het	body
licht	light, slight
licht, het	light
lid, het	member
lied, het	song
liedje, het	song
lief	sweet
liefde, de	love
liever	rather
liggen	to be, to lie, to be situated
lijden (aan)	to suffer (from)
lijken	to seem, to look like
lijken of	to look like
lijken op	to look like
lijn, de	line
lijst, de	list
links	left
liter, de	litre
logeren	to stay
logisch	logical
loon, het	wage
lopen	to walk; to run

lucht, de	air
lucifer, de	match
luisteren (naar)	to listen (to)
lukken	to succeed
lunch, de	lunch
lunchen	to lunch
lusten	to like

M

maal	times
maaltijd, de	meal
maand, de	month
maandag	Monday
maar	but
maart	March
maat, de	size
maatschappelijk	social
machine, de	machine
mager	lean
maken	to make
te maken hebben met	to deal with
makkelijk	easy
man, de	man; husband
manier, de	manner
markt, de	market
materiaal, het	material
me	me
meebrengen	to bring with
met zich meebrengen	to cause
meedelen	to inform
meedoen	to participate
meegaan	to come with
meemaken	to experience
meenemen	to take
meer, het	lake
meestal	mostly
meester, de	teacher
meevallen	to be better than expected
mei	May
meid, de	girl
meisje, het	girl
melk, de	milk
men	people
meneer, de	Sir
menen	to mean
mening, de	opinion
(je) mening geven	to give (your) opinion
naar mijn mening	in my opinion
mens, de	people
menu, het	menu
merken	to notice
mes, het	knive
met	with
meteen	immediately
meter, de	metre
metro, de	underground
mevrouw, de	Madam
mezelf	myself
middag, de	afternoon
middel, het	medicine
middelbaar	middle; secondary
midden, het	middle
mij	me
mijn	my
milieu, het	environment

min	minus
minimaal	minimally
minister, de	minister
ministerie, het	ministry
minstens	at least
minuut, de	minute
misschien	maybe
missen	to miss
mobiel	mobile
mobieltje, het	mobile phone
modern	modern
moe	tired
moeder, de	mother
moeilijk	difficult
moeite, de	difficulty
moeite hebben om	to have difficulty in
moeten	must
mogelijk	possibly
mogelijkheid, de	possibility
mogen	may, can
moment, het	moment
mond, de	mouth
mooi	nicely, good, beautiful, pretty
morgen	tomorrow
morgen, de	morning
museum, het	museum
muur, de	wall
muziek, de	music
muziek maken	to play music

N

na	after
naam, de	name
naar	to
naartoe	to
naast	next to
nacht, de	night
nadat	after
nadeel, het	disadvantage
nadenken	to think about
nadruk, de	emphasis
najaar, het	autumn
namelijk	namely
nat	wet
nationaal	national
nationaliteit, de	nationality
natuur, de	nature
natuurlijk	of course
Nederland	the Netherlands
Nederlander, de	Dutchman
Nederlands	Dutch
Nederlandse, de	Dutch woman
nee	no
neerleggen	to put down
negatief	negative, negatively
nemen	to take
nergens	nowhere
net	just
net, het	channel
neus, de	nose
niemand	no one
niet	not
niets	nothing
niets te danken	you're welcome
nietwaar?	right?

nieuw	new
nieuws, het	news
nieuwsgierig	curious
niks	nothing
niveau, het	level
nodig hebben	to need
nodig zijn	to be necessary
noemen	to say
nog	still
nog steeds	still
nogal	quite
nogmaals	one more time
nooit	never
noorden, het	North
normaal	normally
nou	well
november	November
nu	now
nu eenmaal	it is the case
nummer, het	number
een nummer draaien	to dial a number

O

ochtend, de	morning
oefenen	to practice
oefening, de	exercise
of	or; if
officieel	official
oktober	October
om	at; around
oma, de	grandmother
omdat	because
omgaan met	to deal with
omgeving, de	environment
in de omgeving van	near to
omkeren	to turn
onbekende, de	unknown
onder	below, under; amongst
onder andere	among others
onderhandelen (over)	negotiations (on)
onderwerp, het	subject
onderwijs, het	education
onderzoek, het	research
ongeluk, het	accident
ongeveer	about
ongezond	unhealthy
onmogelijk	impossible
ons	us, our
ons, het	hundred grams
ontbijt, het	breakfast
ontbijten	to have breakfast
ontdekken	to discover
ontmoeten	to meet
ontmoeting, de	first meeting
ontvangen	to receive
ontzettend	really
onvriendelijk	unfriendly
onzin, de	nonsense
oog, het	eye
ooit	ever
ook	also
oom, de	uncle
oor, het	ear
oorlog, de	war
oorzaak, de	cause

op	on, in, at	
op gang komen	to get going	
op zoek gaan (naar)	to look for	
opa, de	grandfather	
opbellen	to call	
opbouwen	to build	
opbrengen	to raise	
opdracht, de	assignment	
een opdracht geven	to give an assignment	
een opdracht uitvoeren	to do a task	
opeens	suddenly	
open	open	
openbaar	public	
opendoen	to open	
openen	to open	
opengaan	to open	
openingstijd, de	opening hours	
opeten	to finish up	
(zich) opgeven	to register	
ophalen	to fetch	
ophouden (met)	to stop (with)	
opleiding, de	education	
opletten	to note	
opleveren	to raise	
oplossing, de	solution	
oplossen	to solve	
opnemen	to measure	
opschieten	to hurry up	
opstaan	to wake up; to get out of bed; to rise	
opsturen	to send	
opvallen	to strike	
oranje	orange	
orde, de	order	
organisatie, de	organisation	
oud	old	
ouders, de	parents	
oven, de	oven	
over	about; past	
overal	everywhere	
overdag	during the day	
overgaan	to stop	
overheid, de	government	
overhemd, het	shirt	
overkant, de	other side	
overleg, het	agreement	
overlijden	to die	
overlijden, het	death	
overmorgen	day after tomorrow	
oversteken	to cross the street	
overtuigen	to convince	
P		
(een) paar	a few	
paard, het	horse	
paars	purple	
pak, het	carton; suit	
pakje, het	packet	
pakken	to get	
paleis, het	castle	
pan, de	pan	
papa, de	father, dad	
papier, het	paper	
pardon	excuse me	
park, het	park	

parkeren	to park
particulier, de	private person
partij, de	party
pas	only
Pasen	Easter
paspoort, het	passport
passen	to fit; to try on
passen bij	to belong to
pasta, de	pasta
patiënt, de	patient
pauze, de	pause
pen, de	pen
peper, de	pepper
per	per
per post	by post
per stuk	a piece
perfect	perfect, perfectly
periode, de	period
pers, de	journalists
personeel, het	personnel
persoon, de	person
persoonlijk	personal
pet, de	cap
piano, de	piano
pijn, de	pain
pijn doen	to hurt
pijn hebben	to feel pain
Pinksteren	Whitsun
pinnen	PIN payment
plaat, de	disc
plaats, de	place
in plaats van	instead of
plaatsen	to publish
plaatsvinden	to happen
plan, het	plan
plant, de	plant
plastic, het	plastic
plat	flat
plegen	to commit
plein, het	town square; schoolyard
plezier, het	fun
plotseling	suddenly
plus	plus
politie, de	police
politiek	political
politiek, de	politics
positie, de	position
positief	positive, positively
post, de	post
postcode, de	postcode
pot, de	pot, jar
prachtig	beautiful
praktijk, de	practice, private practice
praktisch	practical
praten	to talk
precies	exactly
president, de	president
prettig	nice
prijs, de	price, prize
principe, het	principle
in principe	in principle
prins, de	prince
prinses, de	princess
proberen	to try

probleem, het	problem	
procent, het	percent	
product, het	product	
proeven	to taste	
programma, het	television programme	
proost	cheers	
provincie, de	province	
punt, de	point	
punt, het	period, full stop	

R

raam, het	window	
raar	funny	
radio, de	radio	
raken	to get	
rand, de	outskirt	
rapport, het	report card	
reactie, de	reaction	
reageren	to react	
(zich) realiseren	to realise	
recept, het	recipe	
rechts	at the right	
reclame, de	special offer	
(zich) redden	to cope	
redelijk	reasonably	
reden, de	reason	
regel, de	rule	
regelen	to arrange	
regelmatig	regularly	
regen, de	rain	
regenen	to rain	
reis, de	trip	
reizen	to travel	
reiziger, de	traveller	
rekening, de	bill	
rekening houden met	to take into account	
relatie, de	relationship	
rennen	to run	
reserveren	to reserve	
rest, de	rest	
restaurant, het	restaurant	
resultaat, het	result	
retourtje, het	round-trip ticket	
richting, de	direction	
rij, de	row	
rijbewijs, het	driving licence	
rijden	to drive, to go horseback riding	
rijk	rich	
rijst, de	rice	
rimpel, de	wrinkle	
ring, de	ring, slice	
roepen	to call	
roepnaam, de	given name	
rok, de	skirt	
roken	to smoke	
rol, de	role	
rood	red	
rug, de	back	
ruim	large	
ruim	more than	
ruimte, de	space	
rust, de	rest	
rustig	calm	
rustig	take it easy	

ruzie, de	argument
ruzie hebben	to argue

S

's avonds	in the evening
's middags	in the afternoon
's morgens	in the morning
's nachts	in the evening
's ochtends	in the morning
's winters	in the winter
's zomers	in the summer
salaris, het	wage
samen	together
scheiden	to divorce
schelen	to make a difference
scherp	sharp
schijnen	to shine
schilder, de	painter
schilderen	to paint
schitterend	wonderful
schoen, de	shoe
school, de	school
schoonmaken	to clean
schouder, de	shoulder
schrijven	to write
schrijver, de	writer
schuur, de	shed
seconde, de	second
secretaresse, de	secretary
seizoen, het	season
september	September
sfeer, de	atmosphere
sigaret, de	cigarette
sinds	since
site, de	website
situatie, de	situation
sjaal, de	shawl
slaap, de	sleep
in slaap vallen	to fall asleep
sla, de	salad
slachtoffer, het	victim
slagen (voor)	to pass
slager, de	butcher
slank	slim
slapen	to sleep
slecht	bad, not good
sleutel, de	key
slikken	to take
slim	smart
sluiten	to close
smakelijk	tasty
smaken	to taste
snappen	to understand
snel	quickly
snijden	to cut
snoepje, het	sweet
sociaal	social
sok, de	sock
solliciteren (naar/op)	to apply (for)
sommige	some
soms	sometimes
soort, de	type
sorry	sorry
spanning, de	tension
speciaal	special, especially

spelen	to play
speler, de	player
spellen	to spell
spelletje, het	game
spelletjes doen	to play games
spelling, de	spelling
spiegel, de	mirror
spijten	to regret
sport, de	sport
een sport beoefenen	to do a sport
sporten	to do sports
sportschool, de	fitness club
spreken	to speak
spreker, de	speaker
staan	to stand; to be; to be written
stad, de	city
station, het	station
steeds	still, each time
steen, het	stone
steken	to set
stelen	to steal
stem, de	voice
stemmen	to vote
sterk	strong
sterven	to die
stijgen (tot)	to increase to
stijl, de	style
stil	silent
stoel, de	chair
stoppen	to stop
straat, de	street
straks	later
strand, het	beach
streep, de	stripe
streng	strict
structuur, de	structure
student, de	student
studeren	to study
studie, de	study
stuk, het	piece
stuks	pieces
sturen (naar)	to send (to)
succes	good luck
suiker, de	sugar
supermarkt, de	supermarket

T

taal, de	language
tafel, de	table
tand, de	tooth
tandarts, de	dentist
tante, de	aunt
tas, de	bag
taxi, de	taxi
te	to
te (adv.)	too
technisch	technical
teen, de	toe
tegelijk	at the same time
tegen	to; against
tegenover	facing
tegenvallen	to disappoint
tegenwoordig	nowadays
tekenen	to draw
tekst, de	text

telefoneren	to telephone
telefoon, de	telephone
telefoonnummer, het	telephone number
teleurstelling, de	disappointment
televisie, de	television
televisiekijken	to watch television
tellen	to count
ten slotte	finally
tenslotte	after all
tentoonstelling, de	exposition
terechtkunnen bij	to count on
terrein, het	grounds
terug	back
terugdoen	to put back
terugkeren	to return
terwijl	while
test, de	test
(van) tevoren	before
tevreden	satisfied
theater, het	theatre
thee, de	tea
thema, het	theme
theorie, de	theory
thuis	(at) home
(zich) thuis voelen	to feel at home
thuiskomen	to come home
tijd, de	time
tijdens	while
titel, de	title
toch	–
toe	for dessert
toekomst, de	future
toen	then, when
toenemen (tot)	to increase
toerist, de	tourist
toestemming, de	permission
toestemming geven	to give permission
toevallig	coincidentally
tomaat, de	tomato
top, de	top
toren, de	tower
tot	until
tot en met	until
tot morgen	see you tomorrow
tot slot	finally
tot straks	see you later
tot uw dienst	you're welcome
tot ziens	until we meet again
totaal	total
totaal, het	total
in totaal	in total
touw, het	rope
traditie, de	tradition
traditioneel	traditional
tram, de	tram
trap, de	stairs
trein, de	train
trekken	to draw
trots	proud
trots zijn (op)	to be proud (of)
trouwen	to marry
trouwens	by the way
trui, de	pullover
tuin, de	garden

tussen	between
tussen de middag	in the afternoon
tv, de	TV
twijfel, de	doubt
typisch	typically

U

u	you
uit	out, from
uitdelen (aan)	to give (to)
uitdrukken	to express
uitdrukking, de	expressions
uiteindelijk	in the end
uiteraard	of course
uitgaan	to go out, to go partying
uitgebreid	extensively
uitgeven	to spend
uitleggen	to explain
uitmaken	to break up; to make a difference
uitnodigen	to invite
uitsluitend	only
uitspraak, de	pronunciation; saying
uitspreken	to pronounce
uitstappen	to get off
uitstekend	excellent, wonderful
uitvoeren	to do
uitzenden	to broadcast
uitzending, de	broadcast
uitzoeken	to choose
universiteit, de	university
uur, het	hour
uw	your

V

vaak	often
vader, de	father
vak, het	section; subject
vakantie, de	holiday
vallen	to fall
vallen op	to fall on, to be on
van	from, of
vanaf	starting from
vanavond	tonight
vandaag	today
vandaan komen	to come from
vangen	to capture
vanmiddag	this afternoon
vanmorgen	this morning
vannacht	tonight
vanochtend	this morning
vanwege	because of
vast	surely
vast	fixed
vaststellen	to determine
vechten (tegen)	to fight (against)
veel	much, many, a lot
veilig	safe
vent, de	guy
ver	far
te ver gaan	to go too far
verbaasd	surprised
verbinden	to connect
verblijf, het	stay
verboden	prohibited
verdelen	to divide
verder	furthermore

verdienen	to earn
vergadering, de	meeting
vergelijken	to compare
vergelijking, de	comparison
vergeten	to forget
(zich) vergissen	to make a mistake
verhaal, het	story
(zich) verheugen (op)	to look forward (to)
verhuizen	to move
verhuren	to let
verjaardag, de	birthday
verkeer, het	traffic
verkeerd	wrong
verkopen	to sell
verkouden zijn	to have a cold
verlaten	to leave
verontschuldiging, de	apology
verplicht	mandatory
verrassing, de	surprise
vers	fresh
verschijnen	to appear
verschil, het	difference
verschillend	different
verschrikkelijk	horrible, horribly
verstaan	to understand
verstand	mind
verstandig	wise
vertalen	to translate
vertellen	to tell
vertrekken	to leave
vertrouwen	to trust
vertrouwen, het	trust
vervangen (door)	to substitute (with)
verveeld	bored
(zich) vervelen	to be bored
vervelend	annoying
vervoer, het	transport
vervolgen	to continue
vervolgens	after that
verwachten	to expect
verzetten	to reschedule
verzorgen	to take care of
via	via
vieren	to celebrate
vierkant, het	square
vies	dirty
vinden	to find, to think
vinger, de	finger
vis, de	fish
vlak bij	near
vlees, het	meat
vleeswaren, de	cold cuts
vliegen	to fly
vliegtuig, het	airplane
vloer, de	floor
vlug	quickly
voeding, de	nutrition
voedsel, het	food
voelen, zich	to feel
voet, de	foot
te voet	walking
voetballen	to play football
vol (met)	full (of)
voldoen aan	to comply with

voldoende	sufficiently
volgen	to follow, to do
volgend	following, next
volgens	according to
volk, het	people
volledig	fully
voor	for, before, to, on; kind of
vooral	especially
voorbeeld, het	example
voorbereiden	to prepare
voorbij (zijn)	(to be) over
voordat	before
voordeel, het	advantage
voorin	in the front
voorjaar, het	spring
voorkomen	occur
voornaam, de	first name
voorstel, het	proposal
een voorstel doen	to make a proposition
voorstellen, zich	to imagine
voorstellen (aan), zich	to introduce yourself (to)
voorstelling, de	performance
vooruit	straight at, ahead
voorwaarde, de	condition
voorzichtig	careful, carefully
vorig	last
vork, de	fork
vorm, de	form
vormen	to form
vraag, de	question
een vraag stellen (aan)	to ask a question
vragen (naar)	to ask for
vreemd	strange, foreign
vriend, de	friend; boyfriend
vriendelijk	friendly
vriendin, de	friend; girlfriend
vrij	free, available
vrij (adv.)	pretty
vrije tijd, de	spare time
vrij zijn	to have a day off
vrijdag	Friday
vrijheid, de	freedom
vroeg	early
vroeger	before
vrolijk	happy
vrouw, de	woman; wife

W

waaien	to blow
waar	where
waarbij	in which
waardoor	for what
waarheid, de	truth
waarom	why
waarop	for which
wachten	to wait
wakker worden	to wake up
wandelen	to walk
wanneer	when
want	because
warm	warm
het warm hebben	to be warm
(zich) wassen	to wash (yourself)
wat	what; some; a little
wat erg	how sad

wat voor	what kind of
water, het	water
wc, de	wc
we	we
wedstrijd, de	match
week, de	week
weekend, het	weekend
weer	again
weer, het	weather
weg, de	road
de weg wijzen	to give directions
naar de weg vragen	to ask directions
weg zijn	to be gone
wegen	to weigh
weggaan	to go away
weinig	little
welk	which, what
welterusten	good night
wennen	to get used to
wens, de	wish
wensen	to wish
wereld, de	world
werk, het	work
werkelijk	actual
werken	to work
werkgever, de	employer
werking, de	effect
werkzaamheden, de	work
westen, het	West
wet, de	law
weten	to know
wetenschappelijk	academic
wie	who
wij	we
wijd	wide
wijn, de	wine
wild	game
willen	to want
wind, de	wind
winkel, de	shop
winnen	to win
winter, de	winter
wisselen	to exchange
wit	white
witbrood, het	white bread
woensdag	Wednesday
wonder, het	wonder
wonen (in)	to live in
woning, de	house
woonplaats, de	city, town
woord, het	word
te woord staan	to speak to
woordenboek, het	dictionary
worden	to become
Z	
zaak, de	company
zaal, de	stalls
zacht	soft; soft boiled
zak, de	bag
zakken	to sag, to fail
zaterdag	Saturday
ze	she; they; them
zee, de	sea
zeer	very

zeer doen	to hurt	
zeggen (tegen)	to say (to)	
zeker	for sure	
zeker zijn van	to be sure	
zekerheid, de	sure	
zelf	yourself	
zelfs	even	
zelfstandig	independent	
zenuwachtig	nervous	
zetten	to put in	
zich	yourself	
zichtbaar	visible	
ziek	ill	
ziek zijn	to be ill	
ziekenhuis, het	hospital	
ziekte, de	disease	
zien	to see	
zij	she; they	
zijn	his	
zijn	to be	
zilver, het	silver	
zin, de	sentence	
zin hebben in	to feel like	
zin hebben om te	to feel like	
zingen	to sing	
zitten	to sit; to be	
zo	right away, in a while; like that	
zoals	such as	
zodat	so that	
zoeken	to look for	
zoet	sweet	
zolang	as long as	
zolder, de	attic	
zomer, de	summer	
zon, de	sun	
zondag	Sunday	
zonder	without	
zoon, de	son	
zorg, de	worry; taking care of	
zorgen dat	to take care that	
zorgen voor	to provide for	
zout	salty	
zout, het	salt	
zowel ... als ...	both ... and ...	
zuiden, het	South	
zullen	shall, will; would like	
zus, de	sister	
zuur	gone off; sour	
zwaar	heavy	
zwart	black	
zwemmen	to swim	